変えよう地方議会

3・11後の自治に向けて

河北新報社 編集局＝編

公人の友社

目次

序にかえて

東日本大震災と地方議会

2011年春の統一地方選は、全国各地で「望ましい地方自治の姿」「議会の存在意義」が問われるはずだった。大阪府や名古屋市では、首長と議会の対立を経て首長主導の地域政党が旗揚げし、わが国の自治の根本原則である二元代表制を揺さぶっていた。鹿児島県阿久根市における首長の暴走と混乱はなおも尾を引いていた。東北6県をエリアとする河北新報は09年12月から10年6月まで長期連載「変えよう地方議会　あすの自治」を展開し、住民の代表機関である議会の現状と改革の方向性を探った。連載終了後もキャンペーンを継続し、「住民に開かれた、住民と歩む議会へ」と訴えていた。そして、統一地方選は議会改革が最大の論点になる、はずだった。

未曾有の大震災は、こうした局面で起きた。

■混乱した新年度予算

最大震度7の揺れが東日本を襲った3月11日午後2時46分。宮城県南三陸町の議場では3月定例会が開かれ、町長が閉会のあいさつをしていた。直後に大津波警報が発令される状況では閉会を宣言するいとまもなかったが、少なくとも11年度一般会計当初予算などの議決だけは終えていた。

被災自治体の中には新年度予算案の採決に至らないまま震災に巻き込まれたところが少なくない。岩手県陸前高田市のように審議途中の議案書や予算書が津波で全て流されてしまった自治体もある。極論だが、職員人件費などを盛り込んだ予算が未成立のまま新年度を迎えれば、震災対応に従事する自治体職員は、その根拠を失ってしまう。「新年度予算の成立を

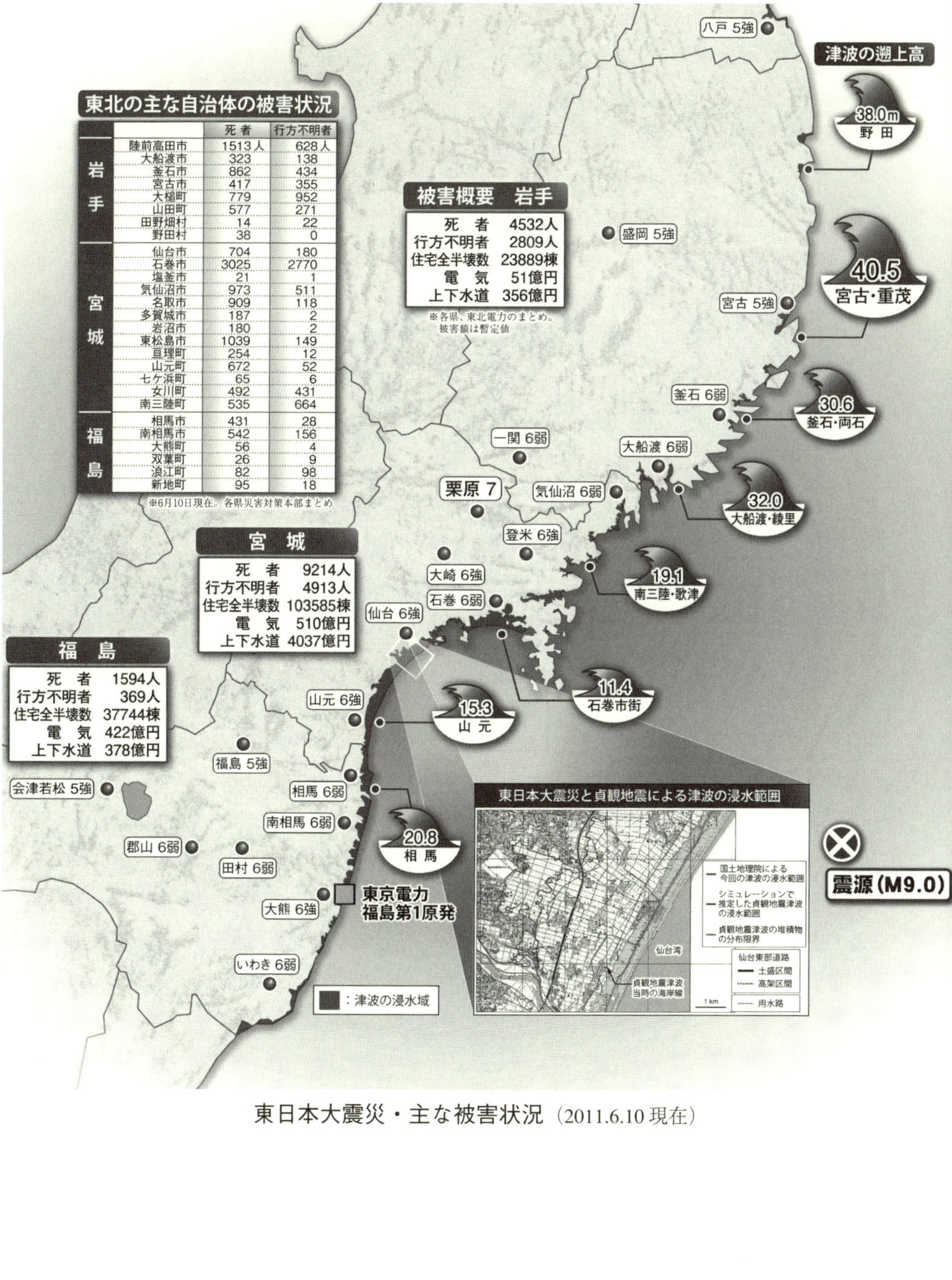

東北の主な自治体の被害状況

		死者	行方不明者
岩手	陸前高田市	1513人	628人
	大船渡市	323	138
	釜石市	862	434
	宮古市	417	355
	大槌町	779	952
	山田町	577	271
	田野畑村	14	22
	野田村	38	0
宮城	仙台市	704	180
	石巻市	3025	2770
	塩釜市	21	1
	気仙沼市	973	511
	名取市	909	118
	多賀城市	187	2
	岩沼市	180	2
	東松島市	1039	149
	亘理町	254	12
	山元町	672	52
	七ケ浜町	65	6
	女川町	492	431
	南三陸町	535	664
福島	相馬市	431	28
	南相馬市	542	156
	大熊町	56	4
	双葉町	26	9
	浪江町	82	98
	新地町	95	18

※6月10日現在。各県災害対策本部まとめ

被害概要　岩手

死　者	4532人
行方不明者	2809人
住宅全半壊数	23889棟
電　気	51億円
上下水道	356億円

※各県、東北電力のまとめ。被害額は暫定値

宮　城

死　者	9214人
行方不明者	4913人
住宅全半壊数	103585棟
電　気	510億円
上下水道	4037億円

福　島

死　者	1594人
行方不明者	369人
住宅全半壊数	37744棟
電　気	422億円
上下水道	378億円

東日本大震災・主な被害状況（2011.6.10 現在）

見ない自治体はどうなるのか」「年度末までの残された20日間で議決機関はどう対処すべきなのか」。これが震災後、地方議会が最初に直面した問題だった。

新年度予算未成立の問題を最初に提起したのは自治体議会改革フォーラムの広瀬克哉氏（法政大学教授）を中心とした自治体学会だった。メーリングリストを使って検討が繰り広げられ、会員から幾つかのアイデアが示された。大別すると①議会招集は困難との前提で、地方自治法179条（議会を招集する時間的余裕がないこと）に基づく首長の専決処分で当面必要な暫定予算の成立を期し、ある程度落ち着いた段階であらためて本格予算を上程する②ともかく議会を招集し、突貫ででも当初予算の成立を期し、不都合が生じた部分は後に補正する―の二つに分かれる。

こうした検討に福島県南相馬市の職員からは「①では、新たに暫定予算を編成する必要が生じ、震災対応に追われる職員に負担を強いる」との指摘もあった。自治体学会による検討では「予算の正当性は住民の代表機関による議決によって担保されなければならない」という筋論と、震災の混乱に放り込まれた自治体という「現場のリアリティー」がせめぎ合っていた。

そんな中で感銘を受けたのは次のような見解だった。「何も議会は議場で開かれなければならないという決まりはない。学校の空き教室でも、青空の下でもいいから、できるだけ速やかに議会を招集して新年度予算を審議し、議決すべきだ。津波が全てを押し流したとしても『議会があり続ける限り、必ず自治はよみがえる』とのメッセージを被災した住民に発することが重要だ」。被災地の混乱ぶりを振り返ったとき、この意見に「現場のリアリティー」はない。それでもなお「議会こそが住民自治の根幹である」という骨太の主張に強く共感した。仮に執行部の出席が困難だとしても、議案の処理だけなら議会だけで可能（自治法121条）だ。

実際には、多くの自治体が駆け込みで議会を招集し、ばたばたと予算を成立させ、「手続きは済んだ」とばかりに震災復旧のリアリティーへと戻っていった。震災後の議会招集を「震災からの自治の再興」という視点で取り上げた報道はほとんどなかった。住民の多くも、議会をそのように捉えることはしなかった。震災前には「議会こそが住民自治の根幹である。しかし惰眠をむさぼったままの議会では、住民の信頼を勝ち得ることはできないし、場合によっては議会不要論さえ台頭しかねない」との警句が盛んに発信されていた。残念ながら、震災後も議会に向けられた住民の冷ややかな視線が変わることはなく、あるいは震災対応に追われる日々の中でその存在感は一層希薄になっている。

■南三陸町議会の苦悩

河北新報の長期連載「変えよう地方議会　あすの自治」で取材した地方議会は50を越える。お世話になった議員や議会事務局職員は数知れない。その中にも震災の犠牲者がいた。南三陸町議会では議長が犠牲になった。大津波警報の発令を受け、住民を避難誘導しようと地元地区に駆け戻ったところを津波にのまれた。議長が遺体で発見されたのは震災発生から3週間近く後のことだった。

この間、南三陸町議会は「議会の事務を統理し、議会を代表する」（自治法104条）議長の不在という事態に直面した。「議長に事故があるとき、または議長が欠けたときは、副議長が議長の職務を行う」（自治法１０６条）ことになっている。しかし南三陸町議会は、副議長による議長代理ではなく、一日も早く正式に新たな議長を選出して復旧・復興に立ち向かう姿勢を住民に示したいと考えた。死亡が確認されていれば議会の手続きに基づいて新議長を選出できるが、「行方不明」という状態では、本人からの申し立てで「辞職することができ」（自治法１０８条）ない。議会が新議長を押し立てるには、まず、行方不明の議長を「正当な理由がなくて会議に欠席した」（自治法１３７条）として懲罰によって「除名」（自治法１３５条）する手続きが必要になる。おそらくは津波の犠牲になったであろう議長を懲罰で除名させなければならないという非情に同僚議員たちは苦しんだ。結局、南三陸町議会が新議長を選出したのは震災から１カ月半が経過した４月28日、前議長の死亡が確認された後だった。

宮城県女川町議会では、16人いる議員のうち４人が死亡した。欠員がさらに増えていれば、補欠選挙を覚悟しなければならなかった。

■「自治の村」の災禍

自治法の想定を超えた事態の一つに東京電力福島第１原発事故による自治体の集団避難がある。福島県沿岸部は、もはや「逃散」とでも言うべき事態だ。状況は震災から３カ月を経ても全く改善されず、自治体が

津浪で壊滅的な被害を受けた宮城県南三陸町の中心部

今後も自治体として存立し続けられるかどうかさえ危うい。とりわけ、計画的避難区域に指定された福島県飯舘村を取り巻く状況には「よりにもよってあの村が…」と絶句した人も多かったのではないだろうか。

飯舘村は、小規模自治体の自立と住民自治の実践を積み重ねてきた「自治の村」だった。この村は総合計画を村政運営の基本に据えるという当然と言えば当然だが、実際には全国的にも数少ない総計重視の自治体として知られる。住民総参加で練られる総計を物語るエピソードに「村の直売所でおばちゃんたちの茶飲み話に耳を傾けたら『こんどの総計はねぇ』と議論していた」というものがある。当局が策定した総計素案は、村内に20ある行政区ごとの集会で検討が加えられる。住民代表らによる検討委員会も設けられ、当局と住民のキャッチボールが繰り返される。総計の柱の一つが、行政区の自主運営による各種事業の展開であり、総計の次数を重ねるごとに高度化してきた。中山間地域を支援する国の助成制度を活用して財源を各行政区に割り振り、各行政区では区内の世帯からも出資金を募ってさまざまな事業を展開してきた。つまり村民一人一人が地域コミュニティーの株主と言える。自らが出資者なのだから展開する事業には大多数のコンセンサスが必要となり、事業を成功させるには相応の努力が求められる。事業の立案から実施、修正、再実施のあらゆる場面で村民同士の議論が繰り返されてきた。こうしたプロセスの中から、次世代の地域リーダーが育ち、やがて幾人かは議会へと送り込まれる。つまり、議員バッジを着けた時点で住民代表としての基本的な素養と総計に基づく村政への理解が完成されているわけだ。

こうした合理的な人材供給システムは共同体が機能してはじめて成立する。原発事故の収束見通しが全く立たない現状で「自治の村」はどうなってしまうのだろうか。

■自粛ムード

震災から3カ月を経てもなお被災地の議会には「自粛ムード」が漂っている。宮城県岩沼市議会は「震災対応を優先する」として6月定例会では一般質問を行わず、会期をできる限り短くすることを決めた。「各議員の意見は月2回の全員協議会で執行部側に伝えている」「本会議場の天井板がはがれるなど危険な状況である」ことも理由としている。住民代表である議員が集まればそれが議会であり、議場でなくても議会は開ける。「震災対応優先」を理由にした自粛は、いまだに執行部が出席しないと議会は開けないと思い込んでいる証拠ではないだろうか。全員協議会のような閉じられた空間でやりとりするのではなく、傍聴席に多くの住民を置いて本会議で議論してこそ「討論の広場」としての議会であろう。「震災の対策」と「議会の議論」を切り離してしまっては「議会があり続ける限り、必ず自治はよみがえる」という矜持を議会自らが放棄したことになりはしないだろうか。岩沼市議会ほど極端ではないにしろ、震災に直面して「議会が成すべきことが分からない」という議員は多い。宮城県塩釜市議会のある議員は、議会の会合で「周りから『震災で議員さんも忙しいでしょ』と言われた。本当のことは言えないよ」と愚痴をこぼしていた。

宮城県七ケ浜町は、町域の3分の1が津波で浸水し、海岸に面した集落は跡形もなく押し流された。避難所や仮設住宅では家屋を失った多くの人々が、不自由な暮らしを続けている。町議会は、新年度から議会と住民の距離を縮めるための取り組みを本格的にスタートさせようと準備を進めていた。住民との意見交換会を企画し、議会だよりの一部を住民自身に自由に編集してもらおうというアイデアだ。それだけに議長は「震災で全て先送りになってしまった」と落胆する。

だが、こうした状況だからこそ議会の真価が問われているという考えに立つことはできないだろうか。懇談会の舞台となるべき地域社会が物理的に壊滅したとしても、仮設住宅に場所を移して地域コミュニティーは生きているはずであり、むしろ仮設住宅でこそ懇談会を開催する意義は大きい。原発事故の影響で住み慣れた地元から集団避難している福島県内の自治体でも同じことが言える。分散して暮らす住民たちを訪ね歩き、要望をきめ細かく吸い上げることこそが今求められる議会の役割ではないだろうか。東京財団は「住民との意見懇談会の開催」を改革議会の必須要件に挙げている。議会が備えるべき必須要件は震災が見舞った混乱の中で、むしろその意義を増している。

■復興計画策定と議会

東京財団は「住民との意見交換会の開催」に「議員間の自由討議」と「請願は住民からの政策提言」を加えて改革議会の必須3要件と呼んでいる。現在、被災地の各自治体では震災からの復興計画づくりが始まろうとしているが、復興計画の策定にも必須3要件を生かすことが可能だ。

石巻市中心部の商店街に船が。一帯がいったん海と化したことを物語る。

各自治体による復興計画づくりの手続きを見ると、①有識者による検討委員会に執行部が素案を提示し、さらに懇談会やパブリックコメントで住民意見を取り入れて策定する②執行部で計画の大枠までつくって住民に諮る、の二つに分類できそうだ。つまり「有識者―行政―住民」型と「行政―住民」型となる。議会が介在する余地がほとんどないか、有識者検討委員会のメンバーに議会代表を加えてかろうじて面目を保っているような有り様だ。

希有な例として塩釜市による復興計画の策定手続きでは、中間案と成案の2度、議会への報告を行うことになっている。これは塩釜市議会が震災前の昨年6月、議会改革の一環として「執行部が住民意見を募って策定する各種計画について議会への報告義務を課し、議会は意見具申できる」と規定した「重要計画議決条例」を議員提案で制定していたからだ。無論、議会が意見具申するためには議会独自に住民ニーズを収集し、議員間で討議を重ねなければならない。平時の議会改革に取り組む中で塩釜市議会は、結果的に震災という非常時に議会が役割を果たすために必要なツールを備えたということになる。

■連携する地方議会

宮城県の村井嘉浩知事は壊滅的な被害を受けた水産業を再生させるため、養殖漁業に企業の参入を促す「水産業復興特区」構想を提起した。村井知事は①養殖施設の復旧には巨額の資金が必要で漁業者の自己負担が大きい②後継者不足に歯止めがかからない③国際競争を勝ち抜くためには経営効率化が必要―として民間企業への漁業権の開放を主張した。これに対して県内の水産団体は「沿岸漁業の復興は漁業者個々の自立再生が基本。利益が上がらなければ企業は簡単に撤退してしまい、かえって地域の荒廃と崩壊を招く。漁業者は企業に隷属するつもりはない」と反発。構想撤回を求める請願を県議会に提出する事態へと発展した。

請願を付託された県議会の産業経済委員会は、県漁協会長らを参考人招致するなどして審査を進め、結論は次の議会に持ち越した。県議の一人は「震災からの復興を第一に考えたとき、知事の主張には一定の説得力がある。一方で水産関係者の訴えも理解できる。本県の水産業が復興するための有効策は何なのか、議会もまた独自の視点で調査、検討したい」と話している。震災復興という重要な場面で宮城県議会は、県内産業の将来をも左右しかねない対立する意見のジャッジを託された格好だ。水産団体に請願という手法を選択させた背景には「議会は住民の主張を実現させる住民自治のツールなのだ」という請願者から県議会に寄せる信頼が読み取れる。

宮城県議会は県内の市町村議会と連携して6月下旬、国に復興対策を働き掛ける集団要請活動を行った。県議30人、市議40人、町村議30人の計100人規模になった。10年11月に県議会が県内全市町村議会に呼び掛けて実施した議会改革などの合同議員研修会が、連携の下地になったという。一般に中間広域自治体である都道府県議会は、基礎自治体議会に比べて住民との距離が遠いため、住民を巻き込んだ議会活性化が難しいとされる。こうした状態を打開する手法として山梨学院大の江藤俊昭教授は、市町村議会との連携による住民ニーズの吸収を提唱してきた。今回の宮城県議会の取り組みは、こうした理論の実践にほかならない。

■討論の広場

自粛ムードとは無縁とばかりに活発に動く宮城県議会は、住民本位の議会を目指して09年6月に議会基本条例を制定した議会でもあった。そして、改革議会の必須3要素は震災後も極めて有効な自治のツールであり、改革議会を目指した平時の取り組みが震災後の混迷の中でも有効に機能することを見事に証明してみせた。

さらに新たな動きがあった。宮城県川崎町議会は6月定例会で、過去1年間の一般質問で問いただした事項の改善状況などを再質問する「追跡質問」を導入した。追跡質問は、青森県佐井村議会が議会改革の一環として取り入れた仕組みであり、「前向きに善処します」といった執行部によるその場しのぎの答弁をなくし、議論を深める効果がある。沿岸部ほどではないが、やはり震災で大きな被害のあった小さな自治体の小さな議会で、改革に向けた取り組みは静かに、そして着実に続いていた。七ケ浜町議会は、仮設住宅の住民を対象に政策要望を聴く対話集会を始めた。議員たちは震災直後の虚無感からようやく立ち直り、すべきことをし始めた。消化しきれないほどの悲劇と向き合う日々にあっても、淡々と改革を進める「討論の広場」が存在する。

「変えよう地方議会」解題

2009年の総選挙でも大きなテーマになった地方分権は、民主党政権になって一層進むとみられる。

では、誰が分権の担い手になるのか。首長に分権の主導権を委ねるのは、中央集権の名残であろう。住民自身と、その代表である議会こそが分権改革に責任を持ち、真の「自治型社会」を実現しなければならない。中央集権の時代は、国から押し付けられた仕事を進めるため、リーダーシップを執るのが得意な首長に権限が与えられた。自治型社会では、多様な意見を持ち寄って議論するのが得意な議会が、住民自治の根幹になる。

しかし、議員一人一人には何の力もない。時々勘違いして口利きを働き掛ける議員もいるが、議員は議会として一つにまとまったとき、初めてパワーを発揮する。

議会は議事機関、つまり物事を議論する機関である。真剣な議論の結果が議決であり、予算や条例も議会が議決しないと何一つ動かない。それだけ住民に対する議会の責任は重い。市町村合併も議会には議決責任があるのだ。

これに対して現状の議会は、住民から見えないのが実態であり、ほとんどの議案が修正もないまま可決されている。議員同士の議論の場であるべき議場も、単なる質問の場に化している。議会が徹底議論して質問するのではなく、議員個々がばらばらに質問しているため、議会本来のパワーも発揮されない。

住民参加も、首長より多様な意見を聞くことのできる議会の方が本来、得意であり、また、議会はリコール制度によって常に住民から監視されている。だからこそ議会は、選挙以外でも住民と向き合うべきなのだ。

議院内閣制の国政でもないのに「首長を守る」と言う議員がいる。首長が間違っていたら、住民の立場に立って厳しく修正することが、本当の意味で自分たちのまちを守ることになるのではないか。議事機関の議会が執行機関と競争し合ってこそ本物の地方自治と言える。

こうした議会のイメージを大きく変えようという改革が近年、各地で始まっている。

多くの行政計画を自主的に議決する議会が現れた。これは地域経営に議会が責任を持つという考え方であり、旧福島県月舘町（現伊達市）が、そのさきがけとなった。通年議会を導入した宮城県蔵王町議会は、1年を通して執行機関と競争し合っている。会津若松市議会は、議会が得意とする住民の声を聞く取り組みを柱に据えた政策形成のサイクルを確立した。行政と議会、それぞれの政策サイクルが、住民を交えて競争を始めている。

そして何よりも重要なのは、議員同士の議論だろう。中央集権の名残で今までは、議会と執行機関の方針が一致しないと困る中央政府が、議論しないよう議会に仕向けてきた。だが、議会が住民の声を聞き、議論して地域社会の進路を決めるという本来の民主主義に戻る時が、ようやく訪れた。

これらをルール化した議会基本条例の制定も徐々に広がっている。基本条例をしっかり使いこなし、議決に責任を持つ。そのために議会事務局などの条件整備も今後重要になる。

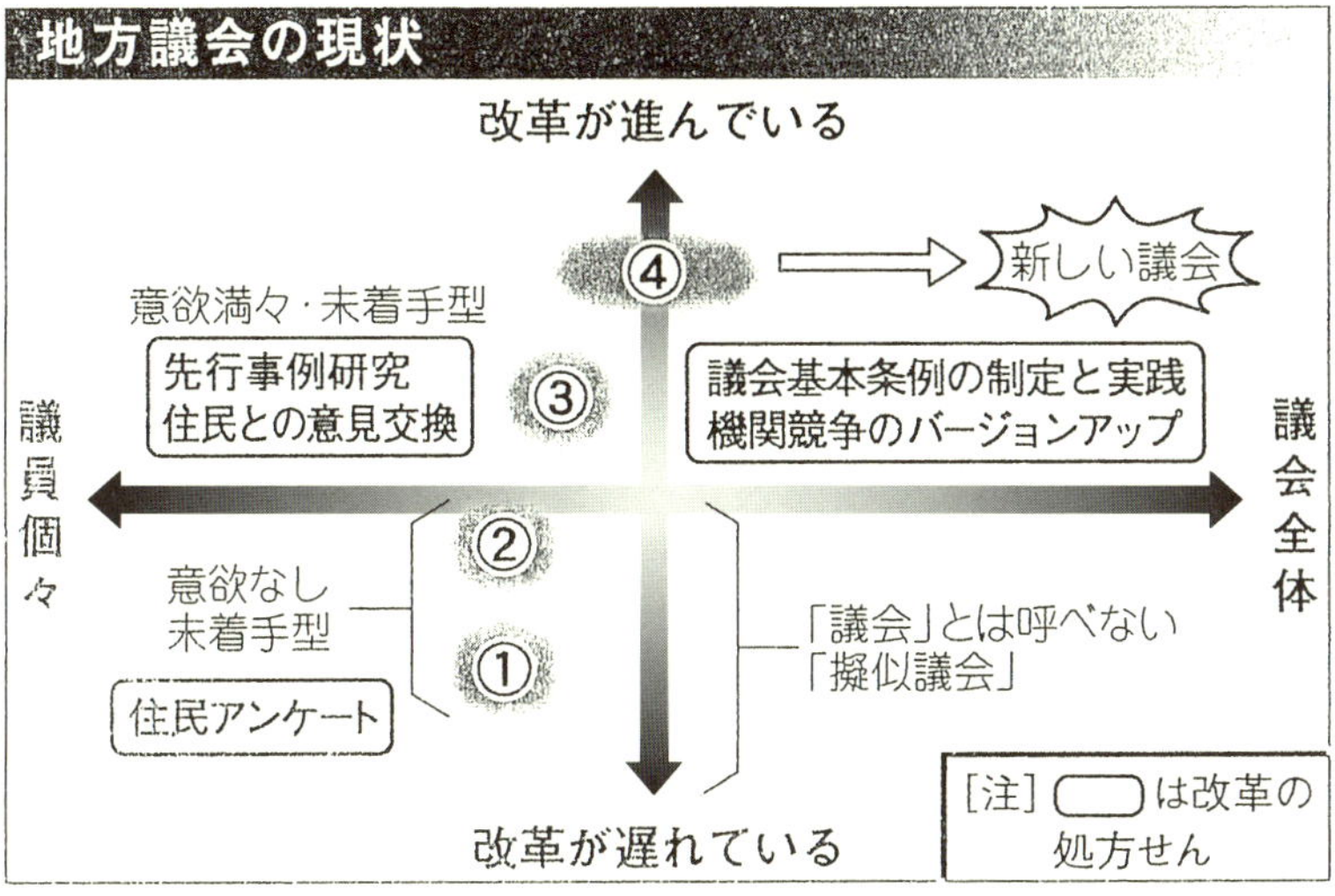

以上を踏まえ、自分たちの議会がいま、どの位置にいるかを図で確認してほしい。大半の議会が（1）議員に意欲がなく、改革も手付かず（2）一部の議員は奮闘しているが、全体に広がらない（3）改革意欲はあるが、何をしたらいいか分からない（4）議会も議員も頑張っている—のいずれかに分類されるはずだ。

（1）と（2）を「議会」とは呼べない。住民アンケートで議員意識と住民評価のずれを確認するところから始めたらどうだろう。（3）は改革の先行事例を研究するとともに、意見交換会を開いて住民と一緒に新しい議会をつくるための議論を始める。（4）は改革の体系化、バージョンアップを進めてほしい。

山梨学院大学法学部教授　江藤　俊昭

プロローグ
政権交代の余波

古めかしい議場を飛び出し、住民と対話する。議員同士が夜を徹して語り合う。行政の一部とさえ見られてきた市町村議会が、改革の坂道を上り始めた。議会に目を向ける住民は少なく、市町村財政は破綻《はたん》の危機にある。それでも何かできることがあると、東北各地で地方議会が試行錯誤する。わたしたちの暮らしに最も身近な政治の胎動。そこに光を当ててみたい。地域の自立の芽を求めて。まずは2009年夏の政権交代の後、党の再生、政権基盤の強化を担うことになった地方議員の声に耳を傾ける。

（2009年12月7～11日掲載）

公認候補者の孤独／逆風あえて自民から

山形県酒田市

〈雨中の出陣式〉

2009年11月1日、酒田市議選が始まった。稲刈りの終わった庄内平野を34台の選挙カーが走る。全開にした車窓から晩秋の雨が吹き込んだ。

その中に3選を目指す佐藤丈晴さん（42）がいた。ただ一人の自民党「公認」候補として―。

出陣式は土砂降りの雨だった。

応援のマイクを握る隣町の町議は「この時期に自民党公認で出るのはマイナスでしかない」と戦いの行く末を案じた。自民党が有権者に見放された衆院選から2カ月しかたっていない。「だからこそ英断だ」と持ち上げられた佐藤さんを、大粒の雨が打った。

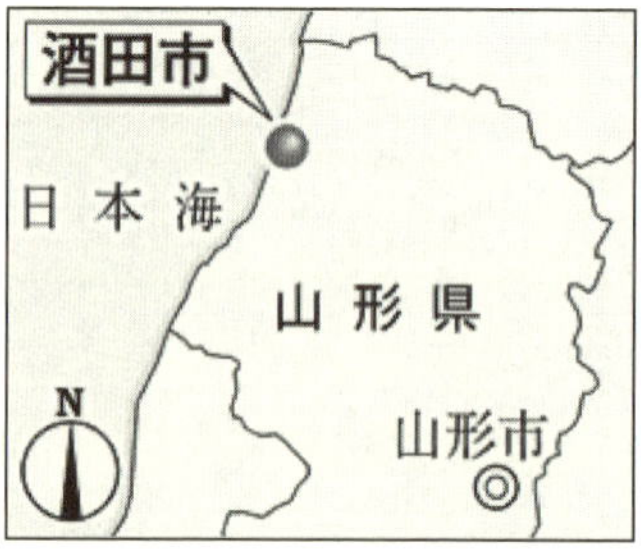

酒田市	
人口	約11万3500人
議員定数	30
議員報酬	45万円
政務調査費	2万5000円／月

選挙事務所には、公認証書とともに谷垣禎一自民党総裁のため書きが張られていた。「公認の心意気を示したい」という佐藤さんのこだわりだ。

過去2回の市議選は、佐藤さんも保守系「無所属」で立候補した。ただ、心の中には常に疑問があった。「自民党員として政治活動をしているのに、選挙のときだけ無所属を名乗るのは、有権者を欺く行為ではないか」

同調してくれる同僚議員を探したこともある。「後ろめたさを抱えて当選した議員に、議会改革はできない」と口説いたが、逆に「ばかな考えはやめておけ。無所属で何の不都合もない」といさめられた。

〈「地域の代表」〉

多くの地方議員選挙と同じように酒田市議選の候補も、無所属を名乗ることで有権者に「自分は政党ではなく地域の代表だ」とアピールする。

今回の市議選候補のうち15人が自民党に所属している。8月の衆院選では酒田市を含む山形3区選出の加藤紘一元自民党幹事長（70）のため、地域票の取りまとめ役になった。

市町村の議員選挙は地域代表として戦い、国政選挙は自民党の集票マシンに徹する。保守系の地方議員は、二つの顔を使い分けて自民党の長期政権を支えてきた。夏の衆院選は、そんな集票システムの限界をあらわにした。

08年末の全国の市区町村議員数は約3万5000人。平成の大合併で4割減った。無所属議員は、ほぼ半減した。地方議員の大量リストラで、自民党政

谷垣禎一自民党総裁のため書きが張られた選挙事務所。党公認候補の佐藤丈晴さんが遊説に向かう＝2009年11月5日

権の足腰は衰えていた。

〈友人らが頼り〉

びしょぬれで街頭演説を繰り返す佐藤さんを支援するのは、家族や友人たちだ。72歳になる父親が毎晩、個人演説会場を設営した。あんどんをともし、座布団を敷き詰め、室内を暖めた。友人は1週間、職場を休んで選挙カーのハンドルを握った。

加藤元幹事長は、「必勝」鉢巻きを貸してくれた。が、それだけだった。「加藤先生の選挙には全力で協力するが、自分の選挙は自分で賄う。国会議員系列とはそういうものだ」。佐藤さんが支援の薄さを気にする様子はなかった。

酒田市議選には今回、民主党からも初めて公認候補が立った。佐藤さんと当選同期の石黒覚さん（53）は「自分もスタンスをはっきりさせて戦いたい」と話す。佐藤さんの主張に共鳴したのは、これからの議会改革でライバルとなる民主党の市議だった。

〈収まらぬ熱気〉

酒田市議選の選挙ポスター掲示板に、自民党ただ一人の「公認」候補、佐藤さんの弱気が見て取れた。

8月の衆院選で自民党を政権の座から引きずり下ろした有権者の熱気は、まだ収まっていなかった。ポスターに「自民党公認」と書き込む度胸はなかったようだ。

支持者とじっくり話し合える個人演説会で、佐藤さんは公認を選んだ経緯も含め、思いの丈を語った。

選挙戦初日は、地元の自治会館で開いた。防犯灯の増設、公園の整備、橋の架け替え…。会場から続々と要望が挙がる。だが「当選したら必ず」などと、安請け合いはしなかった。慎重に言葉を選び、答えを返す。「防犯灯が足りないのは、ここだけの問題ではない。市に情報を出してもらい、どこから設置していくか優先順位を皆さんと考えたい」

「票と引き換えに有権者が見返りを期待する政治は、終わりにしたい」という佐藤さんの思いがにじんだ。だが、期待外れの回答に会場の反応は思わしくなかった。

〈「大敗は当然」〉

選挙戦6日目の個人演説会。支持者から質問が出た。「なぜ、いま自民党公認なのか」

佐藤さんは持論を訴える。「戦後の日本で、地域に密着して住民の悩みや困り事と向き合ってきたのは自民党の地方議員だった。地方から国政に声を届けられるのは、自民党の地方議員しかいない」

「だから」と、佐藤さんは率直だった。「地方の声に耳を傾けなくなった自民党が、衆院選で大敗したのは当たり前」

自民党に取って代わった民主党は、子ども手当の支給など恩恵をばらまく政策で有権者の心をつかもうとした。

「そこに落とし穴がある」と言葉を継いだ。「政府が国民一人一人と直取引するようになったら、何でも行政に頼る世の中になってしまう。自分たちのことは自分たちで決めるという住民自治の意欲が奪われる」

佐藤丈晴さんの訴えに耳を傾ける人たち。住民と議員の関係を見直したいという思いは届いたか…＝2009年11月6日

〈法整備に尽力〉

選挙戦の終盤、東京から朗報が届いた。

地方議員の優れた活動を表彰するマニフェスト大賞の発表があった。全国の地方議員でつくる「海ごみ対策推進地方議員連盟」が、地域環境政策賞に選ばれた。佐藤さんは連盟結成の呼び掛け人であり、代表だ。

地方議員が、国会議員や官僚と同じテーブルで協議し、法律をつくるという前例のない政治スタイルが高く評価された。今年7月、海ごみの撤去について国と自治体の役割分担を明確にする法律が成立した。

関連予算50億円のうち3億円が、山形県にも振り分けられる。公共事業の減少に苦しむ地元建設業者に、山形県の海岸線に散らかるごみの除去作業が発注される。

「住民とともに、暮らしの現場に横たわる課題に立ち向かう。議員には政策立案という武器がある。必要なら、国政にも働き掛ける。地域社会の自治を守るのは、地方議員しかいない」

佐藤さんはこの時、地方議員の可能性と自民党再生のヒントが、はっきり見えたように感じていた。

〈市長選は中立〉

酒田市議選の最終日、市中心部で、盛大な街頭演説会が行われた。市長選と市議選がダブルで行われる酒田市の〝恒例行事〟だ。

市長選で自民党が推薦する現職候補の元に市議選候補19人が集まり、「全力で市長を支えます」と気勢を上げた。大半が自民党籍を持ちながら、選挙では「無所属」を名乗っている。

そこに、市議選ただ一人の自民党「公認」候補、佐藤さんの姿はなかった。

「首長と議員が別々に選ばれる『二元代表制』の地方議会で、監視する側とされる側がべったりの関係でいるのは、おかしい」。佐藤さんにとって公認を名乗るのが政党人としての道理なら、市長選で中立を貫くのは議員としての筋の通し方だった。

「本人の意向だから仕方ないが、望ましい動きではない」。市長候補の隣で自民党酒田支部長の佐藤弘さん（66）が舌打ちした。「みんな市長与党の保守系無所属でやってきた。それのどこがおかしい。何もおかしくない」

選挙を通じて議員や議会の振る舞いを見直したいという佐藤さんの思いは、最後まで周囲に理解されなかった。

〈13票減の23位〉

11月8日午後9時すぎ、投票箱が開いた。34人が立った市議選の定数は30。各陣営とも当落ラインを1400票と読む。

地元のコミュニティーFM局が、刻々と開票状況を伝える。佐藤さんの選挙事務所にも、支持者が集まってきた。

2回目の中間発表。佐藤さんに触発されて民主党から公認で立った石黒さんに、早くも当選確実が出た。前回から約800票も上積みして最終得票は2773票。4位当選だった。佐藤さんの票は、伸びない。

事務所に集まった人々の大半は、市長選で当選を決めた自民党推薦の現職候補

現職市長とともにこぶしを突き上げる酒田市議選の候補たち。首長と議会の緊張関係が薄れていく＝2009年11月7日

を支持していた。「首長と議会がなれ合ったら地方自治が駄目になる」という訴えが本当に届いたのかどうか。佐藤さんは不安だった。

ラジオの当確情報では、既に議席の3分の2が埋まった。時刻は午前0時を回っていた。そして——。

「佐藤丈晴候補が当選確…」。支持者の歓声が、ラジオの音をかき消した。

得票は1614票。前回から13票減らした。順位も三つ下げて23位。3回目の当選だけは果たしたが、掲げた理想と現実の得票との落差に、佐藤さんの笑顔は5分ともたなかった。

〈批判の嵐受け〉

市議選から1カ月がすぎた。この間、佐藤さんには選挙戦以上の逆風が吹き荒れた。自民党公認でありながら、同党が推薦する市長候補を応援しなかったことが、党支部で問題になった。除籍処分を迫る声も上がった。

「いま離党してしまうのは簡単だが、自分には党再生のために地方議員としてやらなければならないことがある」。一度は怒りを抑え込み、謝罪文を提出した。

「間違ったことは何もしていない」と佐藤さんは信じている。だが、党支部は市長「与党」の和を乱す議員を許さない。非難は執拗《しつよう》に続いた。

悩み抜いた末に酒田市議会の12月定例会が始まった7日、佐藤さんは離党届を出した。「さらば自民党」。愛憎相半ばする決別だった。

与党ブランド／小沢王国、高揚と試練

岩手県一関市

〈提言に2時間〉

11月24日、一関市議会の民主党系会派「一新会」が、市執行部に来年度の予算編成で要望した。コの字形に机を並べ、議員11人が勝部修市長ら20人の幹部と向き合った。

夏の衆院選で政権が代わり、10月4日に議員選と市長選があったばかり。新市長が誕生し、一新会は最大会派になった。

冒頭、代表の佐藤弘征さん（65）が切り出した。「これからは市当局への提言にも力を入れていく」

開かれた政策集団に生まれ変わる――。そんな改革宣言だった。

宣言に引っ張られるように、住民の暮らしを意識した発言が議員から相

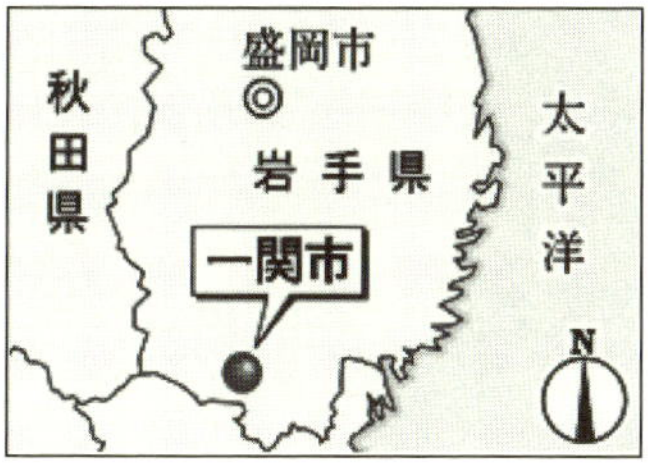

一関市	
人口	約12万1500人
議員定数	34
議員報酬	37万円
政務調査費	1万5000円／月

次ぐ。「合併の効果が見えないという人が多い。支所にもっと権限を与えたらどうか」「在宅での介護がいかに大変かを選挙で実感した。生活面での応援を手厚くしてほしい」

さながら議会本番。「一般質問以上だったな」との声も。やりとりは2時間に及んだ。政権交代の高揚感が満ちた。


〈3倍の当選者〉


市議選そのものが、地方の足腰強化を急ぐ民主党の戦略を印象付けた。党の看板を掲げた当選者が、前回05年の3倍以上の10人に上った。公認1、県連推薦5、岩手3区総支部支持4―という内訳だ。

一新会の議員はもともと小沢一郎党幹事長（67）に近い人が多いが、これまでの選挙ではほとんどが無所属だった。「より広い支持を集めたい」。地域の選挙で政党色は歓迎されなかった。

それが今回は追い風に変わる。初めて推薦を受けた一新会幹事長の千葉幸男さん（60）は、「選挙では自民党農政の不満を吸収できた。政権の実行力をアピールできる効果は大きい」と言う。

佐藤さんも「地域にこそ、国政の窓口になる議員が必要だ」と強調する。

一方、議長の菅原啓祐さん（70）は推薦を受けたものの、党派色は控えた。「地域の選挙に政党はなじまない」。40年来の小沢支持者だが、持論は曲げなかった。

「『無色透明』の方がさまざまな層の住民から本音が聞ける。そうした活動で

一関市長ら執行部に要望を伝える市議会最大会派「一新会」のメンバー＝2009年11月24日

課題解決の努力をするのが、地方議員の役割ではないか」

民主王国・岩手でいち早く鮮明になった、地方議員対策。対立陣営の見方は手厳しい。一関市内の自民党関係者は「選挙を見据えた小沢流の議員囲い込みにすぎない。来年の参院選、再来年の統一地方選では集票マシンとして使われるだろう」と指摘する。

〈「自覚と責任」〉

市議会12月定例会が11月30日に始まった。

最大会派を率いる佐藤さんは「党の看板を背負った以上、自覚と責任が求められる」。07年6月に東北で初めて制定した議会基本条例の活用や、一関版事業仕分けの導入に意欲をみせる。

基本条例は「分権時代を先導する議会を目指す」とうたう。政権党のブランドは、その推進力になるのか。それとも、単なる選挙戦術なのか。

興奮の夏は日々遠くなっていく。「民主党市議」の挑戦と試練の季節が始まった。

自問自答／本分、政策提言にこそ

宮城県大崎市

〈賛否明らかに〉

議場で示した判断が、市民に理解してもらえるか。大崎市議の関武徳さん（56）は気をもみながら年の瀬を迎えた。

「目と鼻の先にある病院が移転するのだから、すぐには納得できない人もいる」

大崎市は10月、懸案だった市民病院の建て替え場所を市中心部の現在地から、2キロほど郊外に移す方針を打ち出した。市議会は議員一人一人の判断が明らかになるように記名投票を行い、35対16の賛成多数で可決した。

議会が移転を認めたのは、用地買収が難航し、当初の計画通りには建

大崎市	
人口	約13万1300人
議員定数	53 （次の選挙から34）
議員報酬	42万8000円
政務調査費	8万円／年

てられなくなったことが大きい。医師や看護師ら医療スタッフが移転を要望していることを考慮する意見もあった。

関さんの家は病院から数百メートルの距離。病院が移転すれば、地元の住民は不便になる。来年春に市議選を控え、批判を受けかねない苦しい選択だった。実際、病院周辺を選挙地盤とする市議4人のうち3人は反対に回った。

「現在地にできるならそれに越したことはないが、状況が変われば、柔軟に考えるしかない。市にとって何がいいのかを判断するのが、議員の役割だと思う」。関さんは市民への説明に力を入れる。

〈合併で定数減〉

大崎市は1市6町が合併し06年に誕生した。現在の市議は52人。合わせて138人だった合併前の4割にも満たない。来春はさらに減り、34議席を争う。定数が減る分、議員の資質が問われることになる。

有権者の視線は8月の衆院選でも厳しかった。関さんが応援した自民党の伊藤信太郎前衆院議員（56）は「政権交代」の大波にのみ込まれ、宮城4区の議席を失った。

応援演説のマイクを握りながら、関さんは何度か言葉に詰まった。市議になって14年。話題の蓄えは多い。農協青年部時代、コメ輸入自由化阻止を訴え、テレビ番組で大学教授とやりあったこともある。演説は苦手ではない。

「今のままの自民党に政権を任せていいのか、半信半疑だった」。農業、地方

市議会での質疑の内容を市民に説明する大崎市議の関武徳さん＝2009年11月20日

分権、教育、子育て。訴える政策が浮かんでこなかった。

関さんは有権者の変化を感じている。「政党の本音、議員の行動を、よく見極めようという人たちが増えた」。その目は市議にも向けられる。


〈どぶ板で勝利〉


同じ大崎市でも宮城６区に入る旧鳴子町出身の市議、中鉢和三郎さん（46）は、衆院選で自民党の小野寺五典衆院議員（49）を応援し、勝利を味わった。「６区の端っこにもよく足を運び、耳を傾けてくれる。圧倒的な得票は当然」と勝因を分析する。

衆院選では有権者の温かい目に触れた中鉢さんもまた、議員の役割を自問自答している。自民党が野党に転じ、地域の声が国政に届きにくくなるためだけではない。

「地域の課題は地域で解決するのが本来の地方自治の姿。市民の代表である議員が議会できちんと議論し、政策を提案できないと、地域は強くならない」

東北の田園地帯の真ん中で、新たな地方議会の在り方を探し始めた。

第1部 聴く、話す

住民の投票で生まれる市町村議会なのに、当の住民が関心を示してくれない。「何をしているのかよく分からない」とさえ言われる。「自分たちは、よって立つべき住民から見放されるのではないか」。そんな危機感が議会を覆う。第1部のテーマは「聴く、話す」。住民の代表である議会ならば、住民との対話を抜きにして改革への第一歩は踏み出せない。このことに気付き、住民と向き合う議会が東北各地にある。

（2009年12月20～27日掲載）

1　自覚／批判は承知、まず街へ

宮城県名取市

〈厳しい声次々〉

全国各地が衆院選一色に染まっていた09年7月下旬、100万都市・仙台に隣接する名取市の議会が、「地域デビュー」を果たした。

初めての市民向け報告会を、3日間にわたり計11カ所の公民館で開いた。議員が6人一組になり、案内チラシを配り、リハーサルを重ねた。準備を尽くして臨んだ初日、下増田公民館で議員を待っていたのは辛口の注文だった。

「議員定数はいつから減らすのか」

「やる気さえあればすぐに減らせるはずだ」

11月上旬と中旬に開いた報告会第2弾。ごみ最終処分場問題に関心が集

名　取　市	
人　　口	約7万2000人
議員定数	24
議員報酬	39万5000円
政務調査費	1万2000円／月

まった相互台公民館では、議員の答弁に納得しない市民から声が上がった。「そのぐらいなぜ調べてないの。これじゃあ、報告にならないよ」

〈議長の危機感〉

議会への厳しい目は、予告されていた。

名取市議会改革特別委員会が3月、有権者821人の回答を得てまとめた市議会に関する住民意識調査。A4判、46ページの調査報告書は都市住民の議会観を示した。

議会は市民に開かれていると思う人は18・5%、議員活動に満足しているという人に至っては11・3%。理由は「議員の活動実態が分からない」「市民との接点がない」が多かった。議員定数と議員報酬を「多い」と答えた人はともに47%を占め、「適当」との回答の2倍を超えた。議会への関心度は72・7%と高かったが、議会を傍聴したことがない人も77・8%に上った。

議員がどんな活動をし、どんな役割を果たしているのかが見えない—。市民と議会の疎遠な関係が浮かび上がった。

「市民を遠ざけてきたのは議会の方だ」。議長の佐藤賢祐さん（64）は率直に語る。「選挙が終わった途端

▲議会改革特別委員会の報告について、質疑応答する議員。議場が討論の場になった＝2009年12月14日

◎大震災被害状況（2011年6月末現在）

死者（うち議員）	910人（2人）
行方不明者	104人
避難者数（ピーク時）	1万715人
浸水面積（住宅地・市街地の浸水率）	27平方キロ（20%）

に特権意識を持ち、市民との間に壁をつくってきた。まずはわれわれが地域に飛び込む必要がある」

都市部であまり例のない議会報告会は、議長の危機感から始まった。

〈提案の否決も〉

12月14日、名取市議会12月定例会の最終日。議会改革特別委の調査報告書がまとまり、委員長の相沢雅さん（63）がその骨子を読み上げた。

「地方分権時代にふさわしい自立した議会活動に変えていく」。議会の使命と責任を明文化する議会基本条例の必要性を強調し、市民による議会モニター制度や常任委員会の通年制化などにも意欲を示した。

1年半に22回を重ねた特別委の論議は、「議会とは」を見直す作業でもあった。報告書の前文をまとめる会合で、委員の小野寺美穂さん（49）は指摘した。

「議会不要論もあるけど、住民みんなが集まって物事を決めるのは不可能でしょう。『住民の声を反映できるのは議会しかない』という視点を大切にすべきだ」

12月定例会では、執行部の提案をそのまま承認するのが当たり前だった議会に、変化があった。指定管理者の指定手続きに関する条例改正案を否決し、敬老祝い金支給条例改正案を議員提案で修正した。

「報告会で厳しい言葉を聞き、市民に説明できる議案かどうかを考えるようになった」。議員たちは同じことを口にした。議会新時代の自覚だった。

2 連携／奨学制度、不満に即応

福島県南会津町

〈切実なニーズ〉

福島県南会津町は9月、町奨学資金の貸与条件を大幅に緩和した。高校生への貸与額の上限を月1万7000円から3万円に引き上げ、ほかの団体の奨学金も同時に受給できるようにした。

住民の切実なニーズに、町より先に気付いたのは町議会だった。

5月に開いた議会報告会で、子どもを専門学校に通わせているという父親が訴えた。「町の奨学金は少額だし選抜も厳しい」

ほかの住民からも手が挙がった。「奨学金の申込期間が短い」「町以外の制度と重複して借りられず、不便だ」。出席した7人の議員は、初めて聞く話。見過ごされてきたSOSだった。

6月定例会の一般質問で議員の1人がこの問題を取り上げ、教育長から前

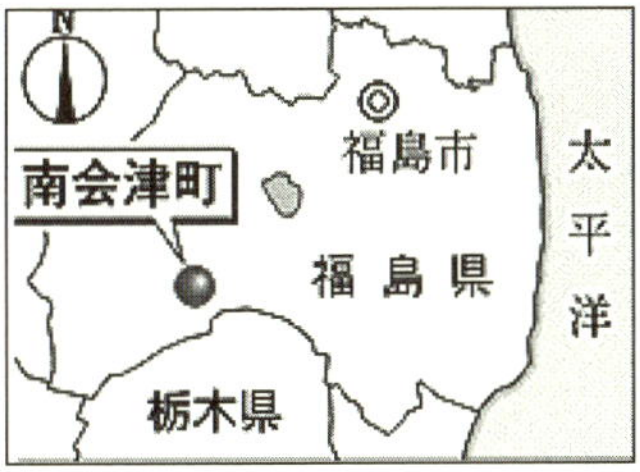

福島県南会津町	
人　　口	約1万8800人
議員定数	22
議員報酬	22万円
政務調査費	なし

向きな答弁を引き出した。そして、「町奨学金の貸与に関する条例」の一部改正案が9月定例会に提出された。

〈夜9時に熱気〉

議会が町民への報告会を始めたのは08年1月。1町3村の合併から2年近くたち、議会にも町民にも一体感を高めたいとの思いが強まっていた。各行政区と連携し、要請に応じて議員が出向く形にした。

10月下旬、20回目となる議会報告会が山すそに田んぼが広がる金井沢地区であった。座布団を敷いた集会所に約30人。ストーブで暖を取り、議員4人とひざを交える。

冒頭、議員の芳賀沼順一さん（68）が報告会の成果である奨学金条例に触れた。「どんどん申し込んでくださいね」

座が和むと、観光やまちづくりといった町の重点施策に話が広がった。集会所が閉まる夜9時になっても、「もっと話したい」という表情が、あちこちにあった。

支持者が相手の後援会と違い、広く住民と向き合う議会報告会。初めは手厳しい言葉を浴びた。「議員報酬は高いし、定数も多い。それだけを言いに来た」と、席を立つ人がいた。権限がない中で精いっぱいの答弁に、「議会は逃げてばかり」と批判も受けた。

それでも「やめよう」の声は上がらなかった。町議会定例会の初日には、新聞に折り込む議会だより臨時号で議会報告会の開催地区を募集。地区が決まれば案内チラシを全戸に配る。丁寧な呼び掛けが受け入れられつつある。

〈「解決へ一丸」〉

議員は手応えを感じている。湯田秀春さん（60）は「現場の声を生かした質問や提言ができる」。星登志一さん（60）は「議員が思いを一つにして解決策を探るようになった」と語る。

11月末、子連れママたちの輪の中に議員の渡部俊夫さん（61）がいた。「南会津食物アレルギーの子を持つ親の会」が開いた菓子作り教室。副代表の肩書だが、子守、会計と裏方に徹していた。

親の会は8月にできたばかり。交流の場を求めていた主婦らが、渡部さんに相談した。渡部さんが個人で出している議会だよりで、子育て支援に熱心な様子がうかがえたからだ。

代表の佐藤佳厘さん（33）は「会の運営や広報の面で支えてもらい、親のネットワークを町外にも広げることができた」と、議員の「使い勝手」の良さに驚いている。

冬の間、深い雪に閉ざされる町で、議員と住民の連携が進む。

子育て世代と交流する議員の渡部俊夫さん（奥中央）。「ママさんたちは育児で手いっぱいだからね」と会の後方支援を買って出ている
＝2009年11月29日

3 源流／吸収後にも姿勢貫く

宮城県気仙沼市

〈全国に名通る〉

「議員報酬は高い」「市の予算の使い方を議会はちゃんとチェックしているのか」

10月22日夜、気仙沼市内で市議4人が住民懇談会を開いた。集まった約20人からは市と議会への意見、注文が相次いだ。

4人は気仙沼市に隣接する旧本吉町の町議だった。9月1日に町が市と合併し、市議になった。

懇談会に集まったのは合併前からの市民。初めての顔ばかりだが、「言うことは山ほどある」と遠慮がなかった。4人の元町議の1人、佐藤一郎さん（66）は「市民はやはり対話の場を求めている」と実感し

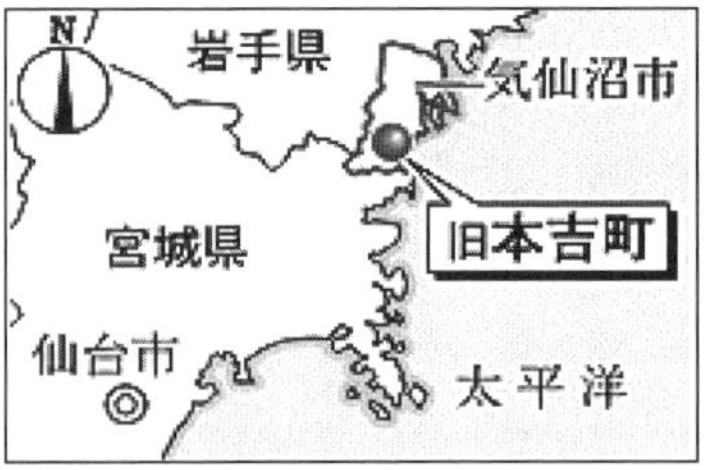

気仙沼市（旧本吉町）	
人口	約7万5300人（約1万1200人）
議員定数	30（12）
議員報酬	36万5000円（22万3000円）
政務調査費	1万円／月（なし）

た。

旧本吉町は全国的な知名度では、漁業基地の気仙沼市に劣る。だが、地方議会の世界では、「改革の源流」として名が通っていた。

01年、住民に議会活動を説明する議会報告会を始めた。「分からないことを執行部に質問するだけ」「選挙の時しか地域を歩かない」—。住民の批判に応えようとした挑戦が、他の市町村より先んじていた。

毎年4月、議員全員で分担して町内15会場に出向き、新年度予算や執行部とのやりとりを説明した。議員の背中を押したのは、議会事務局長を長く務めた阿部勝造さん（66）。「議案を出すのは町長でも、決めるのは議会。住民の代表としての責任の重さを自覚してほしかった」

▲旧本吉町出身の気仙沼市議4人が開いた住民懇談会。質問や意見が途絶えなかった＝2009年10月22日

〈信頼感を醸成〉

意見、要望は町政全般にわたり、説明に窮することもしばしば。しかしうやむやにはせず、持ち帰って検討した。執行部に伝える、議会の質問に生かす、などに分類、結果を住民に伝えた。役場の窓口サービスの改善、施設の補修など、実現した課題は少なくない。

合併前の最後の議長だった高橋清男さん（64）は「住民とひざ詰めで話し合い、信頼感が生まれた。説明する立場

◎大震災被害状況（2011年6月末現在）

死者	983人
行方不明者	446人
避難者数（ピーク時）	2万86人
浸水面積（住宅地・市街地の浸水率）	18平方キロ（39％）

になってみて、勉強にもなった」と振り返る。

住民の声によく耳を傾けたはずの議会だが、05年、住民から解散請求（リコール）を受け、解散に追い込まれる。旧気仙沼市、旧唐桑町と進めていた合併協議の関連議案を否決し、猛反発を受けたのだ。出直し選挙の後、議会はやはり住民の方を向いた。報告会を再開し、議会ホームページを開設するなど、改革の歩みを止めなかった。

逆境を乗り越えた議会はことし2月、活性化への取り組みが評価され、全国町村議会議長会から特別表彰を受けた。

合併による在任特例で、元町議12人は市議会に加わった。「町の時と同じようにはできない」と、あきらめムードもあったが、9月定例会が終わると、有志が住民との対話を始めた。

〈新議会動かす〉

その動きに促されるように、気仙沼市議会は11月下旬、議員全員で議会の在り方を定める議会基本条例をつくる方針を確認した。だが、旧市からの市議の間に「編入合併である以上、気仙沼のやり方に慣れてほしい」という声も漏れる。

条例制定の議論が盛り上がるかどうかは、来年4月の市議選で旧本吉町から何人当選するかにもかかっている。争ういすは30しかない。

元町議たちはあと4カ月弱の任期を最大限、生かそうとしている。佐藤さんは「住民との対話から市のために何が必要かをつかみ、執行部にぶつけていきたい」と語る。

4 継承／議長代わっても先導

秋田県美郷町

〈48人が18人に〉

秋田県美郷町で10月5日、臨時議会があった。9月の町議選で選ばれた議員は、改選前より4人少ない18人。その1人で前議長の伊藤福章さん(64)は、新議長の高橋猛さん(57)のあいさつを期待しながら聞いた。3年前に始めた住民との懇談会をきっと継続してくれる、と。

地域に出向き、住民の声を聞く議会の取り組みは、先導役の議長が交代するとしぼんでしまうことが多い。定数を減らした後の議会ではなおさらだ。住民に分かりやすく、議員には痛みを伴う改革をしたという達成感が、次の動きを鈍くする。

新議長の高橋さんは懇談会の継続を明言した。「議員が減り、議会と町民

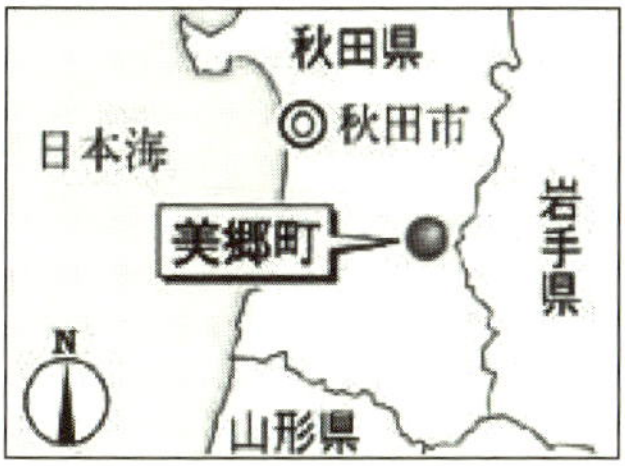

秋田県美郷町	
人口	約2万2500人
議員定数	18
議員報酬	25万5000円
政務調査費	なし

とのかかわりはさらに大事になる」

美郷町は04年、奥羽山脈のすそ野に寄り添う旧六郷町、千畑町、仙南村が合併して生まれた。「平成の大合併」の県内第1号。合併協議が順調に進んだのは、昔から住民のつながりが強かったためとされる。

合併時に48人いた議員は翌年の改選で22人に。多くの集落から議員がいなくなり、住民から「自分たちの声が議会に届かなくなる」との声が上がった。議会でも、旧町村の利益を優先するような発言が出ていた。

▲議会の役割の大きさを確認する前議長の伊藤さん（右）と議長の高橋さん＝2009年11月8日

〈参加者が激増〉

「議員が出身地ごとに足の引っ張り合いをやったら、町は大変なことになる」。伊藤さんはそんな心配から、旧町村の垣根を越え、議員と住民が触れ合う場をつくることにした。「町全体のことを考える議会にしたかった」

住民の反応は良くなかった。初の懇談会は、06年10月に3日間9会場で開いたが、参加者は合わせて33人。平均すると1会場4人にもならない。8人の議員が20枚の座布団を敷いて待ったが、男性1人しか来なかった会場もある。

それでも伊藤さんは「住民に身近な議会になるには、懇談会を重ねるしかない」と、前向きに考えていた。

07年10月の2回目は計46人に増え、08年6月の3回目は議員定数をテーマに掲げたこともあり計71人が参加した。懇談会での意見を元に、議会は本会議出席で支給される日当を廃止し、定数を削減した。「町民の声を聞き、議員の意識は変わってきた」と、伊藤さんは手応えを感じている。

〈不満の再燃も〉

議会には、住民との対話をやめられないもう一つの理由があった。役場庁舎や保健センター、公民館など、町に今も三つずつある公共施設の再編計画が新年早々、動きだすからだ。「似たような施設の維持管理をこれ以上続けるのは、財政的に難しい」と町総務課長の小原正彦さん。１４７施設を対象に存続か統廃合かを検討し、ことし6月に町と議会で再編計画を固めた。

町と議会は町民への説明会を重ね、ほぼ理解を得られたというが、身近な施設が閉鎖されれば不満が再燃する可能性もある。説明会での批判は「なぜ地域の施設を守れないか」と、議員に向けられることが多かった。

新議長の高橋さんは「財政事情も含め町の状況をきちんと説明することは議会の役割」と覚悟を決める。1月に9会場で開く4回目の懇談会は、「まちづくり」がテーマ。早速、説明の力量が問われることになる。

5　再起／定数削減、新たに問う

福島県浪江町

〈「見放される」〉

最後に演壇に立った男性は、太く通る声で言い放った。「町が苦しいから町長だって給料50%カットしてんだよ。何で議会ができないの？　5人ぐらい減らすのは当たり前だべ」

11月中旬の日曜日に開かれた福島県浪江町議会の公聴会。「議員定数20人は適切か」をテーマに、公募に応じた住民と商工会、農協など各種団体の代表12人が、順番に意見を述べた。

「議員が減れば、執行部のけん制、チェック機能が果たせなくなる」と、現状維持を望む意見も出た。だが、大半の人は定数削減か議員報酬の引き下げを求めた。

福島県浪江町

人　　口	約2万600人
議員定数	20
議員報酬	23万5000円
政務調査費	凍結中

20人余りが詰め掛けた傍聴席には、うなずく姿が目立った。終了後、議長の吉田数博さん（63）は「議会のありようそのものが問われたように感じた。議会の体質を変えないと、住民から本当に見放されてしまう」と厳しい表情で語った。

議会に対する風当たりの強さはこの10年、変わらない。05年の前回選挙の前には、町民の声を受けた行政区長会が定数4の削減を求めた。だが、議会が出した答えは2減の20。足して二で割るような議会のやり方から、議員の危機感の薄さを感じ取った町民は少なくない。

▲公聴会で住民の意見に耳を傾ける議員たち。「聴く」ことから再起の道を歩み始めた＝2009年11月15日

〈深刻な財政難〉

町民世論の背景には町の財政難がある。税収が減っただけでなく、余計な借金があった。20年前に稼働した農業用の県営ダムの受益者負担分を、町が肩代わりした。東北電力が41年前に計画した「浪江・小高原発」の立地に伴う交付金を当て込んだのだが、計画は実現の見通しが立たない。毎年2億～3億円の返済が13年まで続く。

下水道事業の借金もかさみ、収入に占める借金返済の割合を示す実質公債費比率は19・6%。福島県平均を5・3ポイント上回り、県の許可がないと新たな借金ができない状況に追い込まれている。

昨年6月にも定数削減を求める声が上がった。ことし4月の町議選からの適用を想定し、住民団体「浪江町草

◎大震災被害状況（2011年6月末現在）

死者	82人
行方不明者	98人
避難者数	原発事故に伴い全町民
浸水面積（住宅地・市街地の浸水率）	6平方キロ（10%）

の根自治を進める会」が町民2494人の署名を添えて陳情した。議会はこれを賛成多数で採択したが、削減に向けた議論は始まらなかった。

定数問題を扱う特別委員会の設置議案が、昨年6月と9月の定例会で2度、否決された。「委員を8人にするか全員にするか」「議案の提案者を誰にするか」。議論の入り口での対立は、「いま削減されたら困る」という議員たちの思惑の産物だった。

特別委の設置は昨年12月に決まったが、議論をする時間は残っていなかった。

〈内輪もめ反省〉

4月の町議選は定数20のままで行われた。「進める会」代表の吉田忠一さん（76）は、「議会の対応は税金の乱用といわれても仕方ない」と公聴会で強い口調で訴えた。

議長の吉田数博さんは「内輪もめで議会不信を広げてしまったのは事実」と反省し、議会再生の道を探った。その第一歩が公聴会開催だった。「住民に見える審議をし、住民の声に耳を傾ける。そうした積み重ねで信頼を取り戻すしかない」

議員定数の結論は早ければ来年の3月定例会で報告される。年明けから、議員同士の話し合いが始まる。

6　責任／駅前開発、疑問を直視

岩手県紫波町

〈確信なく説明〉

議員の口調には、住民にうまく説明できなかったいら立ちがにじんだ。

「町から説明された範囲で住民に答えたが、自分でも確信が持てなかった。事業のメリットや実現可能性など、あらためて説得力のある説明をしてほしい」

12月10日、岩手県紫波町議会の12月定例会。一般質問に立った議員の高橋進さん（47）は1カ月前の議会報告会での体験を踏まえ、執行部に詰め寄った。

町が「民間との連携」を掲げて進めるJR紫波中央駅前の整備事業。10・7ヘクタールの町有地を活用し、図書館の建設と役場の移転新築、集客施

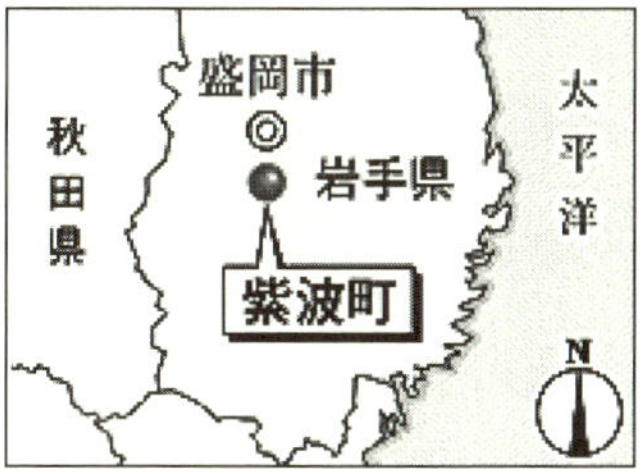

岩手県紫波町	
人口	約3万4300人
議員定数	22
議員報酬	24万8000円
政務調査費	2500円／月

設などの整備を目指す。総事業費は約40億円で、町は民間事業者の開発参入と国の「まちづくり交付金」を見込んでいる。

雇用の場が少なく少子高齢化が進む町にとって市街地活性化は急務だ。図書館を待ち望む町民も多い。議会は3月定例会で事業の基本計画を可決。高橋さんも必要性を理解し、賛成した。

だが、厳しい経済情勢で、町の思惑通り手を挙げる民間事業者がいるのか、民主党政権の事業仕分けで先行きが不透明になったまちづくり交付金を当てにできるのか—。疑問が次々に浮かび、膨らんでいる。

〈叱咤激励まで〉

町内20カ所で11月に開いた報告会では、町民は予想以上に慎重だった。

高橋さんは「住民の多くが不安を抱いている」と感じた。「疑問がなくなるまで、執行部をただしていくしかない」

紫波町議会が報告会を開いたのは、ことしが初めて。住民に議会活動を理解してもらおうと、昨年から取り組んでいる議会活性化策の一つだ。

議員は5班に分かれ、班内で紫波中央駅前の開発事業や町の財政状況などの説明を分担。町全体の課題を知るため、全議員があえて地元以外の地域に出掛けた。

参加した住民からは「定期的に開いてほしい」「地元の議員には遠慮して言いにくいことも、言える」など、開催を歓迎する声が寄せられた。

町の施策への質問は、紫波中央駅前の開発事業に集中した。「役場は駅近くにある方がいい」と期待する声は少数派だった。資金面での不安とともに「皆さ

街の顔とも言えるＪＲ紫波中央駅前。開発事業に対する住民の期待と不安が交錯する

んは石橋をたたく気持ちで議論してほしい」と、議員への叱咤《しった》激励まで出た。

〈報告会に289人〉

報告会の参加者は合わせて289人に上った。いつも接している支持者ではない、他の地域の住民の率直な声を聞いた議員たちは、議会の役割を再確認している。

議長の武田平八さん（58）は「関連する予算や条例制定といった個々の判断はこれから。事業が進む中で住民にどう説明し、議決の段階でどう対応するか。議員一人一人が問われることになる」と語る。

議会活性化の検討委員会委員長、本野喜信さん（62）は「報告会では『金のかかる事業をやるより、自分たちの生活を何とかしてくれ』という意見もあった。財政が逼迫《ひっぱく》する中で何を優先するべきか、これから厳しい議論が必要だ」と意気込む。

住民との距離を縮めようと始めた議会報告会が、議員が責任を自覚する場となった。

7 双方向／広報充実、愚直に発信

秋田県羽後町

収穫が終わった田んぼが窓の外に広がる議員控室で、秋田県羽後町議会の広報特別委員会が開かれていた。委員長の柿崎八郎さん（72）が「9月定例会」号の記事を読み上げ、気になる表現があると、6人の委員に問い掛けた。

「ここはおかしくないですか?」「町が議会に提出したのは、『議題』でなく、『議案』ですね」「直しましょう」

午後1時に始まり、全24ページのチェックを終えたのは午後4時すぎ。休憩をとらず、記事に集中した。「町民に間違ったことを発信するわけにいかないから」。柿崎さんはあっさりと言った。

10月末に発行されたその議会広報には、町民から寄せられた質問に答える新コーナーがあった。例えば「専門用語は必要最低限に」には「できる

秋田県羽後町	
人口	約1万7700人
議員定数	16
議員報酬	25万3000円
政務調査費	なし

いませんか」──。

だけ使わないよう研究します」、「デマや中傷は控えてほしい」には「そのようなことはして

〈小冊子も配布〉

「平成の大合併」で、羽後町は隣の湯沢市を中心とした広域合併には加わらなかった。単独でやっていくには一層の行財政改革が必要と、議会も在り方を再検討した。07年春にまとめた活性化策の柱が、年4回発行する議会広報の充実と、住民との懇談会の開催だった。

半年後、町内7カ所で懇談会を始めた。議会が住民と向き合うことを評価する声が上がる一方「議会の視察研修の成果は何か」「議員が一生懸命仕事をすれば議会の批判はなくなる」と、耳の痛い指摘もあった。

08年秋の2回目が終わると、懇談会のやりとりを4ページの小冊子にまとめ、全戸に配布した。「議会の活動を理解してもらうには、情報を丁寧に発信するしかない」と柿崎さん。小冊子の印刷代は「自主的な活動だから」と議員全員で負担した。

住民に向けた活動に、全議員が同じ考えで臨んでいるわけではない。佐藤充治さん（67）は議会批判に「勝手なことばかり言っている」と憤りを覚えるという。「懇談会はできればやりたくないが、住民に背を向けるわけにもいかない」と揺れる心を明かす。

菅原憲治さん（57）は「住民とのつながりを強くしたい」と語る。広報の新コーナーは、菅原さんが柿崎さんと温めてきた企画。「批判を受けるのは議会の

間違いがないか、議会広報の記事を1行ずつ点検する柿崎八郎さん＝2009年10月16日

宿命」と割り切り、住民の声に答えることにしたのだ。

〈容赦ない意見〉

ことし4月、議員が手分けして町内を回り、全世帯の1割に当たる511世帯からアンケートをとった。広報を「いつも読んでいる」が7割、「継続した方がいい」が8割と、広報には好意的な答えが多かった。

自由記述欄には、議会・議員、町への意見、要望がたっぷりと書き込まれた。議会からの回答の第1弾が広報をテーマにした9月定例会号だった。来年1月発行の12月定例会号には、議会・議員に対する意見への回答を載せる。

「議員はボランティアでいい」「ボーナスはいらない」「議員の支持率を調査して公表せよ」など、議員の仕事を否定するような容赦ない意見もある。

どうしたら議会を身近に感じてもらえるか、議員たちは言葉を選んでいる。

第2部
つくる、考える

全国の議会人に注目される議会が東北にある。会津若松市議会。真正面から政策に挑み、議会改革の最先端を走る。「住民から課された役割は何か」を突き詰める作業が、始まりだった。同じようにして東北各地の議会が後に続く。第2部のテーマは「つくる、考える」。議会は本来、多様な意見が集う「討論の広場」だ。自由で快活な討議を通じて、地域社会を設計しようという試みが始まっている。

（2010年1月6～13日掲載）

1 討議の力／地域未来図、共に描く

福島県会津若松市

〈再編案を否定〉

昨年12月17日の定例会最終日。会津若松市議会は異例の決議案を可決した。

「市の構想は問題を多く抱えている。再考が必要だ」

新年度の市の看板施策となる公共施設の再編案を、真っ向から否定した。提出議員代表の浅田誠さん（60）は決議文を読み上げ、こう結んだ。「市民への説明責任を果たすため、議会の機関意思を表明する」

正式には「鶴ケ城周辺公共施設利活用構想」。市のシンボルである若松城（鶴ケ城）を囲むように点在する小学校や図書館などの6施設の将来像を描く。昨年2月に市が素案を発表した。

議会が議論を始めるのは通常、事業予算が提案されてから。今回は素案

会津若松市	
人口	約12万7600人
議員定数	30
議員報酬	48万1000円
政務調査費	3万5000円／月

が発表されて間もなく、「財政事情による机上の計画で、住民の意向に沿っていないのではないか」という声が議員から上がった。議会は５月、各常任委員会と各会派の代表者10人による検討委員会を設置した。

〈団地も老朽化〉

委員会は検討の対象を、６施設のうち鶴城小（児童３６１人）を近くの市営城前団地に移転新築する案に絞った。同校は築40年以上。耐震性も十分ではない。早期の新築に異論はなく、移転先が団地でいいのかがテーマとなった。

平屋の棟続きから４階建てまでの住宅約50棟が並ぶ城前団地には、高齢者を中心に約４１０世帯が暮らす。老朽化が著しく、市は98年、規模を縮小し現在地での建て替えを計画した。今回の素案で、市は建て替えで生じるスペースを鶴城小用地に充てる方針を新たに示した。

市は小学校の新築事業に合併特例債の利用を見込んでいる。利用の期限である15年度までに校舎と体育館を建設するため、11年度から団地の住宅解体・建設、入居者の引っ越しが始まる。

議会の検討委は、当事者となる市民の思いを重視した。11月２日の第６回委員会では、３日前の団地町内会との意見交換を基に討議した。

「建て替えを望んでも家賃の引き上げを心配する人や、このままでいいというお年寄りもおり、意見はさまざまだ」

「建て替えは簡単に進む話ではないと、多くの入居者が言っている。11年度か

城下町の真ん中にある鶴城小。市が示した移転案に対し議会は討議を重ねて問題点を掘り起こし、「再考」を促した

らの引っ越しは無理だろう」

〈ゴールに着く〉

2週間後、鶴城小PTAとの協議ではこんな懸念が出された。「団地の工事は20年も続くと聞いている。工事エリアに小学校が入り、子どもたちの安全が心配だ」

市の担当課の意見も聞きながら、議員間の討議を重ね、共通のゴールにたどり着いた。「団地の建て替えに不確定要素が多い以上、鶴城小の新築も不確実となる。児童の安全を確保するという目標が達成できなくなる」

これを議会全体の意思に確定したのが定例会最終日の決議だった。「市長の提案権を侵しかねない」と反対意見も出たが、採決の結果、賛成者が過半数を占めた。

可決後、議長の田沢豊彦さん（57）は語った。

「さまざまな角度から精力的に研究してきた成果だ。執行部は重く受け止めてほしい」

市は構想通りに予算計上をするかどうか、1月中に判断する。

〈条例が原動力〉

市が打ちだした「鶴ケ城周辺公共施設利活用構想案」に「待った」をかけた会津若松市議会。その原動力となったのは08年6月制定の議会基本条例だ。

その前文に条例の理念が凝縮されている。

「議員同士が自由闊達《かったつ》な意見をたたかわせて論点や課題を明らかにし、市民本位の立場で政策を決定する」

議員同士の議論は、どこでも行われていると思われがちだが、実態は違う。執行部に質問するだけの議会が一般的だ。会津若松も以前はそうだった。

公共施設の利活用構想案に関し、議会の検討委員会委員長を務めた目黒章三郎さん（57）は、合議体である議会に新たな可能性を感じている。

「多様な背景を持った議員が集まれば、さまざまな論点を発見できる。『住民第一』の姿勢で議論を深めることで、会派や党派を超えて一致点を見いだせる。それが議会の力になる」

〈執行部は外へ〉

会津若松市議会で議会基本条例をつくろうという機運が高まったのは、07年4月の改選後だ。議長選の際、議会の在り方の議論から急浮上した。田沢さんが新議長に就任後、議員7人に公募した市民と福島大教授も加わり、条例づくりが始まった。

外部の目を入れて1年間議論し、全22条の基本条例が出来上がった。田沢さんが「条例制定はゴールではなくスタート」と語るように、神棚に上げておくだけの条例ではない。使いこなすための仕掛けがふんだんに盛り込まれた。

代表例は「議決責任」。議決や政策決定をした際に、説明責任を果たすよう定めている。関連して「議員間討議による合意形成」も掲げた。

議会の広報広聴委員長を務める松崎新さん（50）は「議員の討議では執行部に席を外してもらうのがポイント」と解説する。「議員同士が本音で話し合って初めて本質的な議論ができるし、しっかりした説明責任も果たせるようになる」

公共施設の利活用問題でも、議会は昨年10月、半年間にわたる議員間討議を経て、対案をまとめている。「鶴城小を市営団地に移転させるのではなく、現在地に新築する。工事中は、近くの旧会津学鳳高校舎を改修し仮校舎とする」

翌月開いた市民との意見交換会でこの案を示すと、15会場で60件の意見が寄せられた。「議会の政策」への市民の反応は上々だ。

〈付帯意見つく〉

昨年12月18日、公共施設問題で市長の諮問を受けた市民懇談会（委員30人）が「市の案をおおむね認める」との結論を出した。議会の決議とは正反対だが、付帯意見として、団地入居者の不安に配慮し、鶴城小の児童の安全に細心の注意を払うよう求めた。議会の提起を、懇談会も重くみた結果だった。

座長の渋川恵男さん（62）＝会津若松商工会議所副会頭＝は「市には付帯意見を十分に検討してもらいたいし、議会には付帯意見が実現するよう努力してほしい」と語る。執行部と議会に、より良いまちづくりのための競争を促している。

〈100万円アップ〉

議員の報酬は100万円アップの年860万円が望ましい――。昨年10月、会津若松市議会の検討委員会はこんな中間報告を発表した。議員報酬は引き下げが当たり前となった世の中の流れに、明らかに逆行する。

「削減ありきではなく議員の仕事を一から見つめ直した結果だ」。委員長の土屋隆さん（55）は、全議員が参加する政策討論会で説明した。だが市民に受

議員同士の討議を重視する会津若松市議会。「執行部にお任せ」ではなく、自分たちで論点を整理し政策につくり上げていく

け入れられるかと、いぶかしげな議員が少なくなかった。

議論の発端は08年夏の市民との意見交換会。報酬や定数に多くの声が上がり、議会全体で検討することにした。大学教授を招いて勉強会を開き、昨年1月から12回の議員間討議を重ねた。市民の声を起点に政策を練り上げる「政策形成サイクル」の手法だ。

議員報酬は一般に、人口規模が同じ自治体との横並びで決められることが多い。きちんとした根拠は示されない。

〈活動日数185日〉

会津若松市議会は「議員報酬は議員活動の対価」という原則に立ち返って検討した。「議員活動とは何か」「公務の範囲はどこまでか」――。前例のない線引きに挑んだ。

本会議、委員会、政策討論会、意見交換会の公式活動のほか、定例会によっては数日かかることもある議案の精読と、一般質問の作成を公務と認めた。

さらに、市民からの要望を執行部に取り次ぐ活動や各種行事への出席も条件付きで認めた。「知り得た情報を議会として蓄積すれば、政策形成につながる」との判断からだ。

これを基に「本会議と委員会は1回8時間、それ以外の会議は3時間、行事出席は1時間」として活動時間を積算、年間の活動日数モデルを185日とはじき出した。

報酬算定の基準は、同じく選挙で選ばれる市長に合わせた。活動日数が市長のほぼ半分だから、報酬も半分ではどうか。それが860万円の根拠だった。

〈市民は否定的〉

だが、試算を携えて臨んだ昨年11月の市民との意見交換会では、否定的な意見が大半を占めた。

「このご時世に引き上げなんてあり得ない」

「頑張っているのは分かるが、市民生活の現状に配慮すべきだ」

説明役の議員は「市の経済情勢を踏まえて最終判断します」と釈明に追われた。

土屋さんは世間の目を実感しながらも、持論を大切にする。「決してわが身のための議論ではない。将来の議会を背負う人のためという視点が重要だ」

検討委員会は今後、議員定数を取り上げ、6月をめどに報酬問題を含めた最終報告をまとめる。

昨年12月末、検討委のメンバーの一人、横山淳さん(52)が市内であいさつ回りをしていた。「この1年、お世話になりました」「忙しそうだね。体に気を付けて」

横山さんは昨年、検討委を含め文教厚生など4委員会を掛け持ちした。週に4回は議会に出向く。「支持者と話す時間がなかなかとれない。でも、議会での活動は理解してもらっていると思う」

議員の常勤並みの活動量が、議会への信頼につながっている。

年末の商店街であいさつ回りをする横山淳さん(右)。多忙を極めた1年が過ぎていった＝2009年12月28日

2　結束する10人／小所帯、運動量で補う

山形県三川町

〈町長から反問〉

議員も首長も互いに原稿を棒読みするだけ。地方議会の現状を前鳥取県知事の片山善博さんは「学芸会」と嘆いた。が、山形県三川町議会は、まるで違う。

「議長、反問お願いします」

昨年12月定例会。議員の一般質問を遮って町長の阿部誠さん（57）が手を挙げた。「議員にお尋ねします。住民参加のあるべき姿とは何か?」

阿部さんはその後も手を挙げては、「議員の考える税収安定策とは?」「事業を廃止する基準はどこに置くべきか?」と質問を繰り出した。議員も町内会活動の活性化策や観光施設の有効利用など持論を展開、堂々受けて

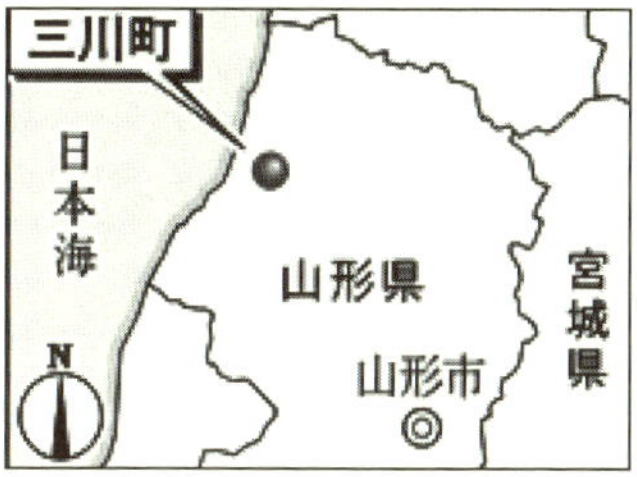

山形県三川町	
人　　口	約7700人
議員定数	10
議員報酬	18万8000円
政務調査費	なし

立つ。議員と町長の真剣勝負に議場が沸いた。

三川町議会は2年前、町長が議員に逆質問できる「反問権」を設けた。「せっかく議会が与えてくれた権利。使わないのはもったいない」。阿部さんの口ぶりは、議会との問答を楽しんでいるふうでもあった。

〈閉会中も討論〉

定例会が終わって1週間後、今度は議長の成田光雄さん（59）と副議長の佐藤政弥さん（67）が町長室に乗り込んだ。議会がつくった「21年度提言書」を手渡すためだ。2人は「文書による回答を」と迫った。

政策提言は、三川町議会の根幹だ。昨年は町の基本計画の検証に丸1年を費やした。議会が閉会中も、常任委員会ごとに研修、視察、課題整理、討論を重ねた。

議会の独り善がりにならないよう、町内3カ所で報告会を開いて住民の意見を聴き、町内会長たちとも懇談した。最後は全員で文言を練った。

出来上がった提言書は、町職員が町内会と行政の橋渡しをする制度について「十分機能していない」と指摘し、ニュータウン世帯の町内会離れには「新たな自治会の育成が急務」と提案した。

こうした活動を三川町議会は、県内最少の10人の議員でこなす。三つある常任委員会は、1人が二つを掛け持ちする。

加えて9月定例会では、住民が傍聴しやすいようにと夜間議会を開く。定例

広報常任委員会による議会広報の編集。定例会が閉会しても議会活動は続く＝2009年12月18日

会前には毎回、一般質問の内容をチラシにして町内に配布する。

〈リコール機に〉

「小さい分だけ小回りが利くんだね」。成田さんは事もなげに語るが、年間の活動日数は、町村議会としては異例の100日を超える。それでいて報酬は県内最低だ。支える事務局職員も2人しかいない。

小さな議会をこれほどまでに突き動かす原動力はどこにあるのか。総務文教常任委員長の志田徳久さん（59）が打ち明ける。「1度、住民にリコール（解散請求）された議会だから…」

隣接する鶴岡市との合併をめぐって三川町は、長く混乱が続いた。町を二分して町長選や出直し町議選を繰り返した。ようやく落ち着きを取り戻し、「二度と住民の信頼を失うわけにはいかない」との思いが満ちる。

昨年末、庄内地方に記録的な大雪が降った。農業を営む議員の梅津博さん（52）は、雪の重みでつぶれたビニールハウス2棟をそのままにして、議会にやってきた。「広報常任委員会があるから」と一言。職責をそれだけ重く受け止めている。

3 カンフル剤／駄目さ一変、食育の礎

岩手県奥州市

〈広報誌もなし〉

ほんの数年前まで、自他共に認める「駄目議会」があった。江刺市議会は岩手県内で唯一、議会だよりを出さず、それを恥じることもなかった。06年2月に周辺4市町村と合併し、現在は奥州市江刺区となっている。

「眠った議会を何とかするには、あえて高いハードルに挑むしかない」。当時、江刺市議だった佐藤邦夫さん（62）の考えたカンフル剤が、議会による条例づくりだった。

世帯の半数が農家という地域の特性に着目し、制定を目指す条例は「えさし地産地消推進条例」とした。腰の重い同僚議員を巻き込むため、議会内に議員連盟を結成。住民に条例づくりを宣言して退路を断った。

奥州市	
人口	約12万7700人
議員定数	合併特例により41（法定上限は34）
議員報酬	32万1000円
政務調査費	1万2000円／月

条例の素案について意見を聴く対話集会には、1100人の住民が参加した。「条例なんて難しいことは分からない」と言っていたベテラン主婦たちは「食育」と聞いて目の色が変わった。「若い母親たちが土の付いた野菜のありがたみを考える条例にしてほしい」

条例づくりは、いつの間にか議会と住民の共同作業になっていた。

〈初の条例成立〉

05年10月、江刺市議会による最初にして最後の政策条例が成立する。全24条から成る条例は、食の安心・安全のために生産者や市民が担う役割を高らかにうたった。

江刺市議会は「駄目議会」の汚名を鮮やかに返上した。市町村合併の4カ月前だった。「初めて議員の仕事をした。議員の仕事は議場で『異議なし』と言うことではない。提案権を使って市民の意見を具体化することだ」。今は奥州市議となった邦夫さんが力を込める。

思いは江刺区から選出された同僚議員も同じだった。「今度は奥州市議会として条例をつくろう」という声が上がった。そして「新市の議会が最初に手掛ける条例には、議会の理念と責務を明記した議会基本条例がふさわしい」と意見がまとまった。

条例の検討部会長に就いたのは、やはり江刺区選出の佐藤絢哉さん（70）。「以前は議会が政策条例をつくる意義もつくり方もまったく分からなかった。もちろん、今は違う」と意気込んだ。

検討会による話し合いは2年間で32回を数え、各地で住民説明会を開いた。絢哉さんは「2年の歳月を費やして徹底討論したことに意義がある」と言い切る。

〈次々と研究会〉

奥州市議会の議会基本条例は昨年、9月定例会で成立し、12月1日に施行された。12月定例会の一般質問には、条例に基づいて一問一答方式が導入された。

奥州市議会では今、議員有志による研究会が次々に生まれている。子育て研究会は「子どもの権利条例」の素案を仕上げた。マニフェスト研究会は、議会改革の次の一手を練っている。

昨年末、奥州市江刺区にある産直施設「江刺ふるさと市場」は、お正月の食材を買い求める住民でにぎわっていた。

地産地消条例は新市移行で効力を失った。しかし、店長の佐藤幸輝さん(51)は「大丈夫。自分たちで条例をつくったという誇りは、地域住民のここに生きている」と語り、胸をたたいた。

地元の農産物を取りそろえた「江刺ふるさと市場」。「えさし地産地消推進条例」の精神が今も息づく

4　民の声／通年制、請願者も登壇

宮城県蔵王町

〈仕事始め開会〉

今月4日、宮城県蔵王町で職員の仕事始めと同時に議会が始動した。通年議会の開会日。会期を12月28日までの359日間と決め、議長の村山一夫さん（65）があいさつに立った。「ことしも住民とともに歩む議会を目標にしたい」

昨年1月、全国で2番目の通年議会を導入した。3、6、9、12月の会議で議案を審議するのは従来通り。だが年間を通して「開会中」のため、緊急案件に対応でき、常任委員会が動きやすくなる。

地方自治法上、議会の招集権は首長にあるが、いったん招集された後は

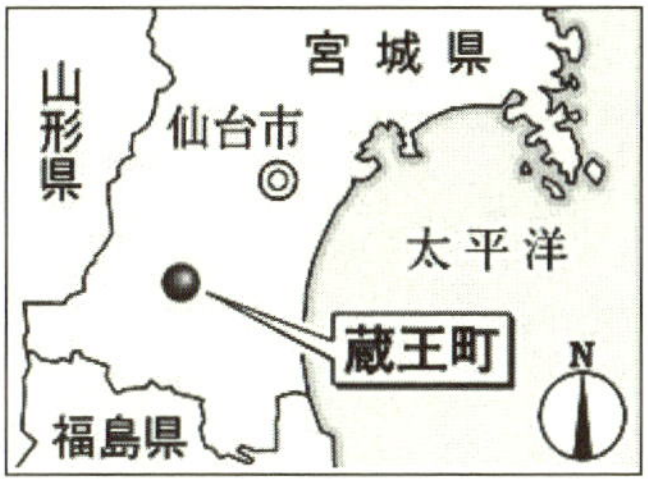

宮城県蔵王町	
人口	約1万3200人
議員定数	16
議員報酬	24万円7000円
政務調査費	なし

議長権限でいつでも再開することが可能だ。

機動力アップを狙った「通年制元年」。その秋に、うれしい誤算があった。議会基本条例を制定するため、全20条の素案をたたき台としてパブリックコメント（住民意見）を募ると、「意見が山ほども来た」（村山さん）のだ。郵送、ファクス、町内15カ所で開いた議会報告会。さまざまな形で寄せられた意見や質問は90件に上った。

〈住民反響次々〉

「条例をつくると議会はどう変わる？」「住民が幸せになる？」。こんな「そもそも論」のほか、個別の指摘もあった。

「議員の政治倫理に関する条文が3行だけとは物足りない」

「議員の質問に対する町長の『反問権』は、もっと明確に定義すべきではないか」

基本条例は議会の「憲法」。理念や責務をうたう。専門的な内容もあり、住民の関心はそう高くないのが一般的だが、違う展開となった。

パブリックコメントは、基本条例の素案全文を町内の全4200世帯に配って募集した。「住民あっての議会なのだから、多くの人に参加してほしかった」と村山さん。「多様な声を吸い上げてこそ、議会の力が発揮できる」。20年を超える議員生活で培った信念だ。

開会のあいさつをする議長の村山一夫さん（左）。「通年議会」は新年早々に始動した＝2010年1月4日

〈例のない試み〉

昨年９月中旬、議会は議場にゲストを迎えた。議長席の目の前、通常は町長や議員が立つ演壇に、薄茶色のジャケット姿の男性が立った。

町内の宮司行政区の区長を務める我妻喜次さん（81）。地元の町道の改修を求める請願の提出者として、その趣旨を説明した。道路が大きくカーブし、子どもの通学に危険なことを強調。「早く真っすぐにして」と訴えた。

本会議に請願者が登壇したのは初めて。全国でもあまり例のない試みは、検討中の議会基本条例の先取りだった。条例素案の第４条。請願と陳情を「町民による政策提案」ととらえ、提案者の意見を聴くことを義務付けている。

基本条例は当初、昨年12月の制定を予定していたが、再検討することにした。パブリックコメントを生かすためだ。議員全員でつくる特別委員会の委員長、福地敏明さん（69）は「貴重な声に対し、きちんとした形で答えを出したい」と語る。

今月５日には特別委の中心メンバーが集まり、検討作業を再開。２月の制定を目指し、月内に４回の協議を重ねる。行間に「民の声」が宿る条例が、もうすぐ生まれる。

5 壁を壊す／足元視察、脱ムラ意識

宮城県登米市

〈地域を元気に〉

次のステップが見えてきた。「言いっぱなし、聞きっぱなし」から政策提言へ。登米市議会の会派「新・立志の会」の5人は、議会が中心になって地域を元気にしたいという思いを募らせている。

きっかけは06年に会派として始めた議会報告会。出前ミーティングと題し、合併前の旧町ごとに開いている。

通算8回目となる報告会が、昨年11月下旬に登米市東和町であった。がけっぷちにある市の財政や地域医療の現状を、手作りの資料に沿って紹介した。

「市の全会計の借金は1050億円。市民1人当たりだと120万円にな

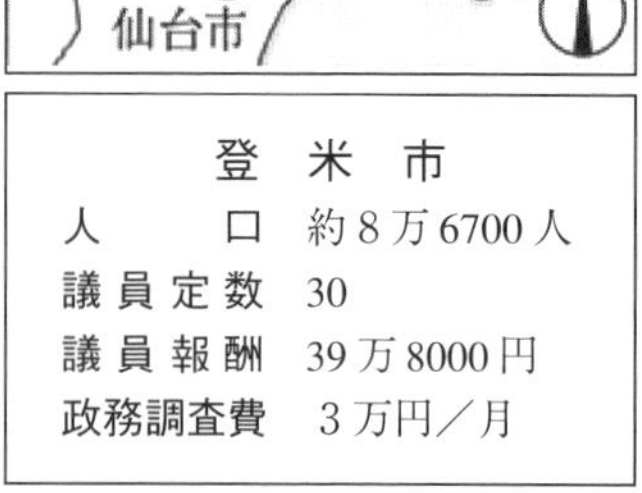

登米市	
人口	約8万6700人
議員定数	30
議員報酬	39万8000円
政務調査費	3万円／月

る」

「医療現場では過酷な労働が続く。批判だけでなく、助け合う姿勢が必要だ」

聴く、話すのキャッチボールが2時間半。会派の意欲とチームワークが伝わったらしく、後半には励ましの声が上がった。「皆さんには大いに気張ってほしい。市の事業仕分けにも取り組んでみたら」

〈「県より遠い」〉

報告会には毎回30人前後が集う。話が弾み、「また来てほしい」と求められたこともある。メンバーの関孝さん（40）は「率直な語り合いの場がいかに少ないかを感じる」と言い、岩淵正宏さん（46）は「やればやるほど続けなくては、と痛感する」。

登米市は、宮城県北の旧9町が合併し05年に発足した。町役場は新市の総合支所となり、配置される職員は半減した。合わせて154人いた議員は今や30人。

会派代表の遠藤音さん（53）は言う。「地域の声が届きにくくなった。だから、地域に入るんです」。報告会のほか、「足元視察」と呼ぶ活動にも励む。学ぶ場は遠くにあるとは限らない、という発想だ。

昨年12月24日、メンバーは登米市中田町を訪ねた。06年にオープンした介護施設「みんなの家」。通い、泊まり、住む―の機能を備えた小規模多機能型の介護拠点だ。

テーブルを囲み、懇談が始まった。施設長の猪又実さん（55）が話す。「認知症の人が安心して過ごすには、一極集中型の大規模施設は不向き。家族的な雰囲気のグループホームを各地につくらないと」

介護施設を運営する猪又さん（左端）に話を聞く登米市議会「新・立志の会」の5人＝2009年12月24日

メンバーは質問を挟み、熱心にメモを取る。「合併後は職員と密に話をするのが難しくなった。県よりも遠くなった印象だ」とこぼす猪又さんに、遠藤さんは「話があればいつでも。現場には教えられることがたくさんあります」と応じた。

〈出身地以外へ〉

5人の出身地は、迫、東和、豊里、南方、津山の旧5町。報告会と足元視察は、出身地以外の地域課題を知る場だ。旧町の代表から登米市全体の代表へと、意識転換を図る取り組みでもある。

条例づくりに意欲を示す議員はほかの会派にもいる。広く知恵を集めようと、会派を超えて連携する動きも出てきた。

議会全体では、議会改革調査特別委員会が昨年7月に発足。通年議会や議員間討議、議会サポーター制度の導入を検討している。いずれも、議会が政策提言するために欠かせないツールだ。

「登米市議」の誕生から5年。旧町の壁が低くなっていく。

6　男女共同参画／主婦感覚、課題を拾う

宮城県柴田町

〈手弁当で200回〉

1本の条例がまちに新風を吹き込んでいる。

昨年12月18日、宮城県柴田町議会が可決した「住民自治によるまちづくり基本条例」。

素案をまとめたのは町の公募に応じた約50人の住民。1年9カ月にわたり、手弁当で議論した回数は200回を超える。条例にはその総意がはっきりと示された。

「まちづくりの基本は情報の公開、共有」

「主役は住民です」

住民たちは4月1日の施行に向け、条例を使った活動の準備に入った。

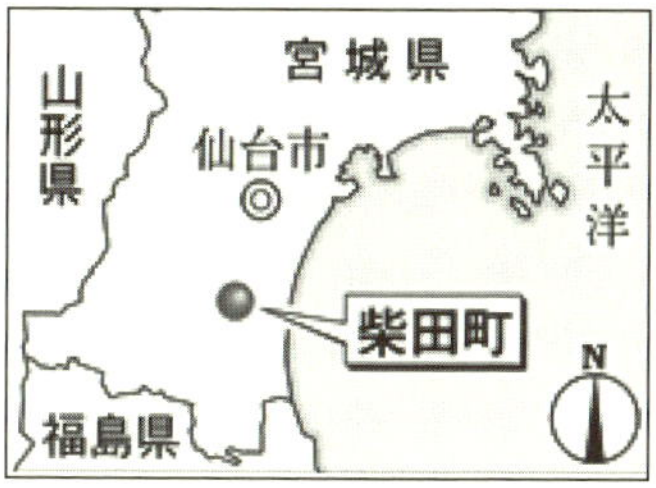

宮城県柴田町

人口	約3万8700人
議員定数	18
議員報酬	31万5000円
政務調査費	4000円／月

条例づくりで先を越された形の議会も、住民の声に耳を傾け、政策立案へと踏み出そうとしている。議長の我妻弘国さん（68）は「まちづくり条例の効果は大きい。住民の動きはきっと活発になる。議会が何もしなければ、取り残されてしまう」と強調する。

議会がまちづくり条例案を審議するのは2回目だった。住民たちの素案がまとまったのが08年8月。町はこれを条例案に仕上げ、昨年2月の定例会に提出した。だが、3月に町議選を控えていた議会は突っ込んだ議論をしないまま、否決した。

町議選で新人6人が当選し、議員が入れ替わった。9月定例会で町の再提案を受け、議会は特別委員会を設置。8人の委員が条例案を1行ずつ検討し、条文を分かりやすく修正した上での可決だった。

我妻さんは「ようやく議事機関としての議会の役割を果たせた。ここから住民との距離を縮めていきたい」と語る。

〈子育てに共感〉

歩みは既に始まっている。

昨年11月、町内6カ所であった住民と議会の懇談会。町保健センターには約20人が集まり、その半数を女性が占めた。どこの議会でも、懇談会の呼び掛けに応えるのは男性がほとんどだが、柴田町はテーマを設けることで女性の参加を促す。

3年目の昨年は「子育てしやすいまちづくり」。参加者からは保育園、公園など環境の充実を求める声が相次いだ。課題解決への期待と、耳を傾けようとする

「子育て」をテーマにした議会懇談会には多くの女性が参加した＝2009年11月11日

議会への共感が会場に満ちた。

参加者の加藤るみさん（47）は「議会は年配の人たち、男性のものと決めつけ、関心を示さない若者、女性が多い。町の将来のためにも、こうした話し合いが必要だ」と議会の歩み寄りを歓迎する。

新人議員の平間奈緒美さん（40）は「普通の主婦の自分が議員として聞き役に回ることで、議会が身近になるのでは」と感じたという。


〈女性比率33％〉


柴田町議会にはもう一つ特徴がある。女性の比率が東北の議会で最も高い。18人中６人で33・３％。人数では仙台市議会の10人が最多だが、60人の全議員に占める割合は16・７％。全国の地方議会平均は10・６％（08年12月末現在）にとどまる。

その女性議員たちが今月、住民と連携して新たな条例の検討を始める。町が98年、県内の市町村では真っ先に宣言した「男女共同参画都市」を推進するための条例だ。

議員の森淑子さん（63）は「話し合いを通じて、男女間の相互理解の大切さを町内に広げたい」と願う。

議会と住民による「まちづくり」が動きだす。

シンポジウム

住民とともに歩む議会の在り方を探るため河北新報社は2009年11月、「変えよう地方議会」シンポジウムを本社で開いた。議会改革の必要性にいち早く気付いた議員らがパネリストになり、これまでの取り組みや直面する課題を紹介。参加した宮城県内の市町村議員約70人が輪になり、それぞれの議会が抱える悩みを本音で語り合った。地方議会の素顔に迫った討論会を、再構成して報告する。

〈パネリスト〉
会津若松市議　松崎新（50）
奥州市議　佐藤邦夫（62）
塩釜市議　伊藤博章（46）
宮城県柴田町議会副議長　白内恵美子（55）
岩手県職員　津軽石昭彦（50）
〈コーディネーター〉
山梨学院大教授　江藤俊昭（53）

〈出発点に立つ〉

シンポジウムでコーディネーターを務めた山梨学院大の江藤俊昭教授は「議員一人一人には何の力もない。議会は一つになって、初めてそのパワーを発揮する」と説いた。塩釜市議の伊藤博章さんは、この点を強く実感する1人だ。

「以前から議会改革の必要性を感じていた」と言う伊藤さん。支持者向けの議会報告会を開いて「市民の声を聴くことがいかに大切かを痛感した」と語るが、こうした取り組みが議会全体に広がる気配はない。

今年6月に「議会改革を進める」と確約した議長が誕生し、伊藤さんは「ようやく出発点に立てた」と話す。議会の「憲法」とも言える議会基本条例をつくろうという機運も芽生えた。

しかし、条例づくりの手順を話し合うはずだった議会運営委員会は、塩釜市議会の慣例で

市町村議員が一堂に会し、議会改革について話し合ったシンポジウム＝仙台市青葉区の河北新報社ホール

非公開。伊藤さんは「住民参加を進めるための基本条例を議論するのだから公開してほしいと各会派にお願いしたが、改まらなかった」と肩を落とす。

〈票に将来託す〉

宮城県柴田町議会では、市町村合併の是非をめぐって対立が続いた。副議長の白内恵美子さんが、その後の状況を報告した。

今年3月の町議選で、合併推進派と反対派の勢力が逆転。反対派が多数となったのを受けて町長は、合併協議会からの離脱を決めた。

白内さんは「町議選で住民は、町の将来を真剣に考えて議員を選んだ。『住民が動けば議会が変わる。議会が変われば町が変わる』と多くの住民が考え始めた」と振り返る。

次のステップは本格的な議会改革。白内さんは「今度は基本条例をつくり、議員が変わらなければならない」と意気込むが、「議会内には温度差もある」と言う。

「議員間の温度差」は、改革に向かおうとする議会が最初にぶつかる壁だ。

今年9月に基本条例を制定した奥州市議会の佐藤邦夫さんは「それでも、まずは始めることが大切」と背中を押し、「できるだけ多くの議員がかかわって基本条例づくりに取り組めば、議会の力は確実に向上する」とアドバイスする。

〈事務局兼務も〉

改革を困難にしているもう一つの要因に、議会事務局の貧弱な体制が挙げられる。江藤教授は「町村議会では事務局職員が3人ほどしかいない」と指摘する。

白内恵美子さん

昨年度まで県議会事務局職員を兼務していた岩手県の津軽石昭彦さんは、事務局体制の拡充策として「執行部の職員に必要と思う人材がいたら、兼務発令の形で事務局に派遣してもらったらどうか。地域を何とかしたいという思いは、議会も執行部も同じはずだ」と提案する。

さらに、「例えば自治体学会のように全国の議員や市町村職員が会員になっている組織もある。こうしたネットワークの活用も考えられるだろう」と、議会の外に視野を広げるよう促した。

津軽石昭彦さん

〈問題洗い出す〉

会津若松市議会は「住民との対話」と「議会の政策形成」を連動させた取り組みで、全国の注目を集めている。出発点は、昨年6月に制定した議会基本条例だった。

まず、議会が必ずやらなければならない項目を基本条例に書き込んだ。広報広聴委員長の松崎新さんは「約束事を先行させることで動きやすくなった」と説明する。

具体的には「市民との意見交換の場を多様に設ける」と明記し、これが政策形成の起点になる。

「従来の意見交換は一部の団体にとどまっていたが、それでは駄目」と松崎さんは強調した。住民から寄せられた多数の意見を、「生活・環境」「教育・文化」などに分類。これを基にして議員による政策討論会で話し合い、議会としての政策を練り上げる。こうした手法を会津若松市議会は「政策形成サイクル」と名付けた。

手始めに、水道事業の民間委託に不安を感じる住民の声を取り上げた。「人口が減少する中での水需要、多額の財源など問題点をすべて洗い出し、議員間で徹底討論した。最後は住民に議会の考え方を説明した上で議決に臨んだ」と松崎さん。

起点となった住民意見と、最終的に示された議会判断が食い違う場合もある。だが「住民の声を十分聞いた上で議決している。しかも説明は当局以上に尽くしており、むしろ住民との間に信頼関係が生まれる」と言う。

〈政策立案が鍵〉

奥州市議の佐藤さんは、旧江刺市議時代に挑戦した「えさし地産地消推進条例」づくりの舞台裏を話した。

「どことなく議員が市職員からばかにされている」と感じていた佐藤さんは、「議員は政策立案で勝負しなければならない」と一念発起。議員連盟の結成、市民との対話、関係団体からの意見聴取など手順を踏んで条例制定にこぎ着けた。

条例づくりの経験は、市町村合併後の奥州市議会でも生きた。足かけ2年に及ぶ議会基本条例づくりでは、経験を積んでいた旧江刺市議会出身の議員たちが、中心的な役割を果たした。

「やったことがないから」と政策立案に二の足を踏んでいる議会に、松崎さんと佐藤さんは「議会だけでは限界があるのが当たり前」と話し、「専門家やシンクタンクを積極活用すべきだ」とアドバイスする。

〈生き生き活動〉

会津若松市議会は研究者を招いて勉強会を開いたし、奥州市議会も早大マニフェスト研究所に調査を依頼した。地産地消条例では、立法サポートの専門家である岩手県職員の津軽石さんが、組織を超えたボランティアで協力した。

住民との対話を重ねるようになって「市民から『活動が見えない』と言われていた議会が、生き生きと活動するようになった」と、松崎さんは実感している。佐藤さんも「12月定例会は、基本条例の精神にのっとって執行部に質問をぶつけたい」と意気込みを示した。

松崎新さん

〈泣く泣く断念〉

議会と首長の関係を語る際、しばしば使われる「与党」「野党」。江藤教授は「国会なら問題ないが、地方議会にはなじまない」と語る。地方自治は、議員と首長が別々に選ばれる「二元代表制」をとっているからだ。

だが、現実には色分けがある。仙台市議会の共産党市議団長を務める福島かずえさんは、野党会派の悲哀を訴えた。

「これまで何本も条例案を提出してきたが、1本も可決されない。後から執行部が同じ内容の提案を行い、政策が実現したこともある。『共産党の提案は否決されてしまい、その後に執行部が提案しにくくなる』と言われ、泣く泣く条例案提出をあきらめたこともあった」

会場からは「議案の中身ではなく、市長を支持するかどうかを議決の基準にしている会派がある」「首長の中には『与党会派の議員は自分を支えてくれる』と勘違いしている人もいる」との声が上がった。

これに対し、議会が一つになって執行部と競い合う会津若松市議会の松崎さんは「議員同士が執行部案について議論を深めると、会派や政党の縛りは弱まる」と指摘。「それは、会派としてではなく、住民のために議案をどうするかに重きが置かれるからだ」と強調した。

〈失った主導権〉

塩釜市議の佐藤英治さんは「議会の招集どころか常任委員会の開催まで執行部が主導権を握っている」と問題提起した。「逆に議会が独自に勉強しようとすると、執行部は協力したがらない」と嘆く。

地方自治法では、首長ら執行部は「議長から出席を求められたときは、議場に出席しなければならない」（121条）となっている。「議会が必要だと判断したときだけ呼び付ければいいのであり、議会の基本は議員同士の議論だ」と、江藤教授は解説する。

「議員は執行部の説明を聞くと、分かっていなくても分かったふりをする。執行部は賛成多数に持ち込むため、そうした議員を利用し、引っ張り込もうとする」。議会と執行部の心理戦を松崎さんは、こう語る。

専門知識で勝る執行部に会津若松市議会は、正攻法で対抗している。

9月定例会では、市の貯金について不明な点を何度も執行部に問いただした。結局、「積み立て方に問題がある」との判断に至り、議決に全員一致で付帯意見を添えた。松崎さんは「『来年度予算でもチェックするぞ』という圧力を当局に加えた」と話す。

佐藤邦夫さん

〈結束で力発揮〉

「議会が一つにまとまるとすごい力を発揮して困るから、執行部は議員同士の議論をさせないようにしている」とにらむ江藤教授が、執行部に対抗する戦術を明らかにした。

「議会が『うん』と言わなければ何一つ動かなくなるほど議会の権限は大きい。地域にかかわる行政計画を議会が議決できる事項に追加すれば、議会の力はさらに強くなる。執行部は嫌がるし、総務省も駄目だと言うが、既にやっている議会がある」

〈質問より勉強〉

議会の本来の姿は「討論の広場」だ。住民の代表である議員が、さまざまな意見を持ち寄って徹底的に話し合う。このことに気付くと会場の議論は、熱を帯びた。

塩釜市議の佐藤さんは「今まで執行部に質問するのが議員の仕事だと思っていた」と告白。「だが、そうではなかった。議論して政策を練るために議員は、勉強しなければならない」と決意を語った。

反省や悩みが次々飛び出した。

宮城県柴田町議会副議長の白内さんは、市町村合併に直面した時の対応を振り返った。「大問題なのに議会は一度も討議しなかった。合併協議会の設置と協議会離脱の陳情に、それぞれ賛成、反対の演説をしただけで終わってしまった」

議会改革を目指す議員たちが、会場から思いを伝えて話し合った

大崎市議の中鉢和三郎さんは「議員だけで討議する場がない」と訴えた。「大崎市議会の場合、予算、決算審査以外の議案は委員会での審議を省略している。そのため、提出された議案は本会議で質疑し、すぐ議決してしまう」と言う。

〈調査権活用を〉

一般的には、議員が多い市議会では複数の委員会に分かれて議案を審議し、議員が少ない町村議会では本会議が審議の場となる。大崎市議会のケースは珍しい。

議会運営に詳しい岩手県職員の津軽石さんは「委員会なら担当する事務を何でも調査できる」と説明し、「事務調査の権限を持つ委員会を中心とした議会運営に切り替えたらどうか」とアドバイスした。

江藤教授も「この点は重要だ」と指摘する。「委員会の調査権限は『議会が付託した時に発生する』としている解説書があり、そう思い込んでいる議会も多いが、この解釈は間違い。委員会は、何でもどんどん調べたらいい」と励ました。

「当選を重ねた議員が多く、しかも執行部寄り」と嘆く気仙沼市議の山崎睦子さんは「長老議員が、議員間討議をおかしいと言っている。どうしたらいいか」と質問した。

江藤教授は「議会改革のトップランナーである北海道栗山町議会は、8、9期目の議員が『議会はばかにされてきた。頑張らないといけない』と言い出したのがスタートだった。ベテラン議員の奮起が議会改革の成否を握っている」

議会の現状や改革できない悩みについて意見を交わす出席者たち

と言う。

〈条例案で訓練〉

議員の討論力をどう養うかも課題だ。奥州市議の佐藤さんは「討論するのは苦手という議員が多い」と感じている。

塩釜市議の伊藤さんは「条例案をどんどん提出して訓練した」と自らの経験を披露。「議員提案には説明能力が必要。最初は説明も下手だったが、どんな質問にも負けないように勉強した」

江藤俊昭教授

〈えとう・としあき〉　山梨学院大専任講師などを経て現職。第29次地方制度調査会委員などを務める。中央大大学院法学研究科博士後期課程満期退学。１９５６年、東京都生まれ。

津軽石さんは「必要があれば活発な議論は起こる。岩手県議会は、原発関連で住民から提出された請願を半年かけて審査した。専門家の話を聞いたり、議員が意見を交わしたりして議会の考え方を集約した。争点のあるテーマでは、議員間討議は自然に生まれるし、生まれるべきだ」と話した。

〈山ほどの意見〉

通年議会を導入し、改革に乗り出した宮城県蔵王町議会議長の村山一夫さんが、会場からうれしい悲鳴を上げた。「開かれた議会を目指そうと住民の声を募ったら、意見が山ほど来た。どうまとめればいいか困っているほどだ」

蔵王町議会のケースは極めてまれで、多くの場合、議会に寄せる住民の関心は低い。住民との対話を重視する会津若松市議会でさえ、松崎さんは「受け身の姿勢でいたら住民の意見はほとんど集まらない」と言う。

住民に一歩でも近づこうと、宮城県柴田町議会が2年前に始めた報告会も、議員が一方的に説明して終わってしまった。そこで去年は住民の話を聞くことに重点を置いた懇談会に切り替え、テーマもごみ問題に絞ってみたが、参加者は1年目より減ったという。

〈勉強して臨む〉

なかなかイメージ通りにはならないが、それでも柴田町議会副議長の白内さんは「どんな質問が飛び出すか分からないから、議員が入念に勉強して臨むようになった」と前向きだ。「今年は若い世代を巻き込もうと『子育てしやすいまちづくり』がテーマ。会場に託児所も設けた」と、対話の質の向上を図っている。

懇談会では、必ずと言っていいほど住民から「議員報酬が高すぎる」という意見が出るという。反論を負担に感じる議員も多い。

江藤教授は「会議に出るだけが議会活動ではないし、議員の仕事は今後、さらに拡大する。しかし、住民はそう思っていないから報酬が高いと言う」と解説。「報酬などの議会費を議会自らが予算請求できるようにしなければならない」と提起する。

〈安い報酬懸念〉

奥州市議の佐藤さんは「議員は、しっかりとした報酬を得る専門職になるべきだ」と主張。「若い世代に議員のなり手がいないのは、子どもも育てられないような安い報酬が原因」と指摘した。

来年度の議会費を十分確保するよう執行部に働き掛けているという塩釜市議

伊藤博章さん

の伊藤さんは「行政改革の一環だと言って議会の予算を減らすのは間違い。予算の使い方をしっかり住民に説明できれば、批判はされない」と語る。

こうしたやりとりを聞いて、当初「会合を開いても、一般住民に間口を広げるのは難しいのではないか」と、不安を口にしていた白石市議の吉田貞子さんも、有志による懇談会開催へと方向転換した。

最後に江藤教授は、住民と議会が手を携える「自治型社会」の意義を力説した。

「出席者の多くが、議会基本条例の制定を目指す決意を述べた。基本条例は住民との契約であり、条例に沿った議会運営を怠けると、直接請求の対象になることを忘れないでほしい」

「議会が奮起するには、住民の前に姿をさらけ出すことが絶対に欠かせない。二元代表制における住民の代表機関であることを自覚し、住民に開かれ、住民参加のある議会を目指してほしい」

地方議会の現状を図解で説明する江藤山梨学院大教授

第3部 ためす、迷う

議会の本気度が問われている。「時流に乗り遅れてはならない」と、どこよりも早く改革に着手しても、入念な準備とやり遂げる熱意がなければ、理想と現実の落差は埋まらない。第3部のテーマは「ためす、迷う」。改革への第一歩を踏みだしながら、前に進めなくなる議会は少なくない。一体何が足りないのかと、立ちすくむ。

（2010年1月25～29日掲載）

1 丸写し／先陣切れど魂入らず

宮城県松島町

〈宮城初の条例〉

改革の切り札とされる議会基本条例も、つくるだけならすぐできる。先行する議会の条文を丸写しすればいい。

宮城県で最も早く、08年に議会基本条例をつくった松島町議会。改選後初めて招集された昨年の12月定例会は、議長選出をめぐる突然の動議で幕を開けた。

「開かれた議会を目指す条例の精神に従って議長の選出は立候補制とし、投票の前に決意表明の機会を設けるべきだ」

地方自治法は立候補による議長選出を想定していない。松島町でも前例がない。混乱の中、臨時議長が休憩を宣言し、別室に場所を移しての話し合いは30分を超えた。

宮城県松島町

人　　口	約1万5600人
議員定数	18
議員報酬	23万円
政務調査費	7000円／月

結局、議事録を止める「暫時休憩」の状態で立候補表明を受け付けることになったが、今度は「〇〇議員が議長にふさわしい」という推薦の弁が飛び出した。各議員が自席から発言したため、まるで町長ら執行部に向かって立候補を申し出るような格好となった。

〈電話で済ます〉

同じ議会基本条例の理念を踏まえた議長選出でも、会津若松市議会の場合は「所信表明会実施要綱」に沿って行われる。

本会議と暫時休憩を切り替えながら、立候補する意思のある議員は、壇上から同僚議員に向かって所信を表明。執行部には議場から退席してもらう。

松島町議会の議会基本条例にも「町長らの本会議などへの出席要請は最小限にとどめる」（9条）とあるのだが、執行部は議会の人事案件に延々付き合わされた。

▲1月に議員が登庁しなければならないのは常任委員会と全員協議会のある2日間だけだ＝宮城県松島町議会

松島町議会が「ほぼ丸写し」（議会事務局）したのは、改革のトップランナーと言われる北海道栗山町議会のそれだった。電話と文書で条文借用に了解を取り付けた。

独自に修正した個所もある。栗山条例が議員の定数と報酬を改正するときは「住民の直接請求」か「議会が提案」としているが、これに松島条例は町長提案も加えた。

◎大震災被害状況（2011年6月末現在）

死者	15人
行方不明者	1人
避難者数（ピーク時）	3719人
浸水面積（住宅地・市街地の浸水率）	2平方キロ（17%）

〈報告会も不評〉

前議長の菅野良雄さん（63）は「法令に詳しい出版社に問い合わせたら、町長の条例提出権を制限するのは自治法違反になると指摘された」と語る。

栗山町議会は法を無視したのではない。「議員の身分にかかわることは、議会が責任を持って決めなければならない」（橋場利勝議長）という強い決意を条文の行間に込めた。単なる丸写しで議会改革への情熱や決意まで学び取ることはできなかった。議会基本条例にのっとって開いた議会報告会でも、住民から「こんな中身のない報告会なら、もう参加しない」としかられた。

それでも松島町議会には、「栗山町とそっくりの条例」に釣られて、北は岩手県から南は宮崎県まで議会の視察が絶えない。

新議長に選出された桜井公一さん（60）は「課題はいっぱいあるし、パーフェクトではない。それでも改革は前に進める」と話す。議会基本条例に魂を吹き込む作業は、これから始まる。

2　議決責任／権限拡大、市におんぶ

福島県伊達市

〈反発の声なし〉

昨年12月定例会の最終日。伊達市議会は都市計画のマスタープランを新たに議決事項に加える議案を、全員一致で可決した。執行部は今後、条例や予算と同じように都市計画も議会の議決なしには進められなくなった。

その3カ月前、議会は前文で「議決権の拡大が議会を活性化させる」と強調する議会基本条例をつくっていた。だが、議案を提出したのは議会ではなく執行部。議会は議決権を自ら拡大したのではなく、執行部に拡大してもらったのだ。

市都市計画課は「大事な計画なので議会にもしっかりと議決責任を負ってもらいたい」と提案理由を説明した。執行部の「親切」に「余計なお世

伊達市	
人口	約6万7900人
議員定数	30（改選後26）
議員報酬	38万5000円
政務調査費	なし
（改選後は3万円／月）	

話だ」と反発する議員は一人もいなかった。
議決権の拡大は本来、「自治体の経営を執行部に任せっぱなしにはしない」という議会の意欲の表れだ。執行部の放漫経営を議会が見過ごした結果、財政再建団体に転落した北海道夕張市から学んだ教訓でもある。

〈全国初の可決〉

伊達市議会と同じ福島県内には、自らの意思で議決権を拡大した議会もあった。旧月舘町の議会は２０００年12月、全国にさきがけて町の基本計画を議決事項に加えた。

議案の提出議員だった斎藤和人さん（62）は「町の最重要政策なのに、住民の代表で構成される議会は指をくわえて見ているだけ、という状況に風穴をあけたかった」と当時を振り返る。

立ちはだかったのは「執行権を侵害の恐れあり」と主張する自治省（現総務省）だった。斎藤さんたちは「法律に定めがないなら、自分たちで決める。これが本当の自治だ」と突っぱねた。

月舘町議会が道を切り開いた議決権の拡大は今日、責任をしっかり果たそうとする議会にとって欠くことのできない備えになった。

月舘町は周辺４町と合併。誕生した新市こそ、伊達市にほかならない。

市役所にほど近い伊達市中心部。都市計画は開発の中核となるだけに、議会の議決責任も重い

〈先進性捨てる〉

斎藤さんも伊達市議になっていた。執行部がおぜん立てした議案に違和感はあった。議会基本条例の理念にそぐわないとも思った。ただ、議会内に疑問視する雰囲気はなかった。議長の滝沢福吉さん（65）は「市議会になっても町議会の気分が抜けない議員に自覚を促すため、議会基本条例をつくった」と語る。どうやら町議会気分と一緒に、月舘町議会の「先進的DNA」まで切り捨ててしまったようだ。

伊達市議会は議会基本条例づくりに1年以上の時間をかけたが、話し合いを重ねるたびに条文は骨抜きになった。最も基本的な会議の公開も先送りした。市長の仁志田昇司さん（65）は「条例をつくるのは簡単だが、本物にするのは難しいものだね」と同情する。

議会は4月に改選を迎える。議員は任期中に議会基本条例を仕上げたという充足感に浸っている。具体的な運用は改選後の議会に委ねられた。

〈議決事項〉

地方自治法は96条1項で、条例の設置・改廃、予算、決算など議会が議決しなければならない項目を明記。同2項では、このほかにも「議会が議決すべきものを条例で定めることができる」としている。

3 議長発議／「まずは形」条例即決

宮城県川崎町

〈視察、全国から〉

仙台、山形両市と境を接し、面積の8割を森林が占める宮城県川崎町。09年7月に議会基本条例をつくると、各地の町村議会から視察申し込みが相次いだ。11月には6議会、計69人を受け入れた。

「沖縄の嘉手納町、北海道の知内町など、なかなか行けないところからも来てもらった。相手より、こちらの質問が多くなった」。川崎町議会議長の沼田善春さん（65）は冗談を交え、反響の大きさを強調する。

ただ視察の狙いは理解していた。「条例をつくったはいいが、どう使うのか。それを知りたかったのでしょう」

松島町に次ぎ、宮城県で2番目の議会基本条例は、神奈川県湯河原町議会をお手本にした。「町民とともに汗を流す」議会への脱皮は、ことし

宮城県川崎町	
人口	約1万100人
議員定数	14
議員報酬	24万7000円
政務調査費	なし

から本格化する。

〈質問者は１人〉

川崎町議会では「なるべく質問しない」が、不文律のように守られてきた。08年３月の改選前の定例会で一般質問に立ったのはたった１人。それも引退する議員だった。特に選挙前の質問は、「目立とうとしている」と反感を買う恐れがあり、自己規制が働くようだ。

「議員の権利だし、勉強にもなるからできるだけ質問はしたい。しかし、質問したからといって票には結び付かない現実もある」。議員の真壁範幸さん（60）は同僚の思いを代弁する。

おとなしかった議会がなぜ、改革の最先端とされる基本条例の制定に向かったのか。沼田さんは「遅れを挽回《ばんかい》したかった」と語る。宮城県南には条例がなくても活発な議会が多い。先に形をつくり、追い付こうと考えたのだ。

〈ためらう声も〉

議長発議で議会活性化に関する調査特別委員会を立ち上げ、６人の委員を指名した。２回目の会合で湯河原町議会を参考にすることを決めた。北海道の栗山町と今金町、三重県伊賀市、松島町の条例と比較して条文が少なく、川崎町に最も合いそうだと判断した。

「議論していると、迷いが出てくる。面倒なことはしなくていいという後ろ向きの声も強まる」と沼田さん。

議会広報の充実は基本条例の約束の一つ。議員たちは誌面作りに知恵を出し合う＝２０１０年１月18日

真壁さんも「大学の先生の話を聞かなくても、条例を読めばいい悪いは分かる」と即決方式を歓迎した。

もっとも条例は丸写しにはしなかった。町長が議員に質問の意図を聞く「反問権」を加え、議会広報の充実も先行条例から取り入れた。

条例に基づく新しい試みが始まる。町民の傍聴を促そうと、議会広報で「皆さんが選んだ議員が議場でどんな発言をしているか、確かめてみませんか」と呼び掛ける。3月定例会終了後には、町内8カ所で議会報告会を開く。

議員の小山修作さん（52）は「町民の声を聞くのは選挙の時だけだったが、これからはそれが議会活動の基本になる」と説明責任の重さをかみしめている。

議員の間には「これまで通りでいいのでは」とためらいの声もある。沼田さんは「まず試してみよう。駄目なら、考え直せばいい」と迷いを振り切る。

4　政治倫理条例／駆け足整備、違反招く

秋田県由利本荘市

〈工事・納入制限〉

昨年12月25日、由利本荘市議会の政治倫理条例審査会は、条例に違反したとして4議員への注意勧告を決めた。9月にも2議員に注意していた。審査会があった会議室に重苦しさがこもった。

4月に施行された条例は、市民に信頼される議会への第一歩になるはずだった。しかし違反が相次いだ。今や足かせのようだ―。

条例によると、市が発注する工事や物品納入で、議員とその配偶者、親、子が経営にかかわる企業は契約を辞退するよう努めなければならない。

勧告を受けるのは政治倫理の認識が薄く、契約辞退の努力を怠ったと判断された議員だ。

由利本荘市	
人　口	約8万7000人
議員定数	30
議員報酬	35万9000円
政務調査費	1万円／月

関係議員がいる企業が市と契約をしなければ、問題にはならない。契約が避けられないなら議員が身を引く選択肢もある。議員がこぞって条例を守れば、それで済んでしまう話なのだ。

しかし問題はそう簡単には解決しそうにない。議員の間で条例に対する意見が分かれ、溝が深まりつつあるからだ。

〈対立の根深く〉

高橋信雄さん（51）はこう主張する。「地方自治法が兼職を禁止しているのは議員本人。条例の規定は厳しすぎないか」「市と契約が多い農協の理事の家族が議員になれないのは、地域の実情に合わない」

佐藤譲司さん（60）は真っ向から反論する。「自治法の規定では甘いと判断して、条例をつくったのではないか。自分たちで決めたルールを守れないのはおかしい」「安易に見直しをすれば、議会が市民から笑われる」

政治倫理条例が生まれる前にも意見対立があった。規制の対象となる親族の範囲を、議員の親子である1親等とするか、祖父母、きょうだいも含む2親等とするか。

議会改革活性化検討委員会で9回議論したがまとまらず、委員会は条例を棚上げしたまま07年12月に終了した。

早期の条例制定を望んだ議員たちは、08年12月定例会に急きょ、規制が厳しくなる2親等の条例案を提出。対抗して1親等を支持し

雪に覆われた由利本荘市中心部。政治倫理条例違反が相次ぐ議会を冷気が包み込む＝2010年1月16日

ていた議会多数派の議員たちが対案を出した。それが可決され、今の条例となった。

あまりの急展開に、条例の規制がどれだけ厳しいか理解不足の議員が多かったようだ。違反続出はそこに原因がある。

〈見直しに迷い〉

意見対立をどう収めていくか。議長の渡部功さん（57）は「法律の専門家も入れて、政治倫理条例とその運用をもう一度考えてみたい」と語る。その一方で、「昨日つくって、あした直すというわけにもいかない」と条例見直しは急がない考えも示す。迷いが透けて見える。

議会は昨年10月の改選を前に、改革課題を整理していた。傍聴者に分かりやすい一般質問、議長選挙の立候補制、定数、報酬の見直しなどだ。

改選後に議長となった渡部さんは、それらの検討を通じて「提案型」の議会を目指す腹づもりだった。

本格的な改革論議はしばらく始まりそうにない。第一歩のつまずきが尾を引く。

5　すれ違い／出前懇談、疎通に限界

宮城県亘理町

〈事業気掛かり〉

大区画の水田が広がる宮城県亘理町のＪＲ亘理駅東。その一角に老朽化した公共施設をまとめて移転する計画がある。

01年に町が策定した「公共ゾーン整備事業構想」。面積12・7ヘクタール。総事業費１００億円超を見込んだ一大プロジェクトだ。

対象は、築57年の保健センターや役場庁舎、中央公民館など5施設。第1弾として新しい保健福祉センターを05年に着工する予定だったが、まだその気配はない。

役場近くに住む岩佐健治さん（71）は疑問を募らせていた。「計画から相当たつが、さっぱり動きが見えない。どうなっているのか」。役場移転に反

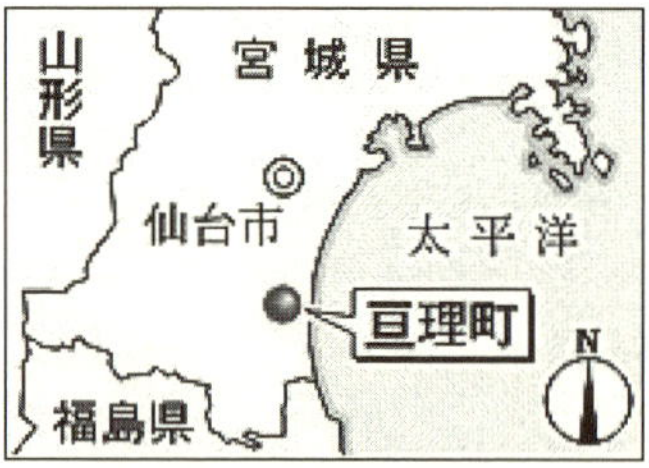

宮城県亘理町

人　　口	約3万5600人
議員定数	20
議員報酬	25万6000円
政務調査費	なし

対で、構想の行方が気掛かりなのだ。

昨年6月、住民の要請があれば議会が意見交換に応じる「出前懇談会」を活用し、状況を聞いてみることにした。「議会、議員の考えを知ろう」と友人、知人に呼び掛け、住民約20人が議員7人と向き合った。

〈〝代弁〟に終始〉

▲大勢の住民が訪れ、満席となった休日議会。町長と議員の一問一答に注目が集まった＝2009年12月13日、宮城県亘理町議会

やりとりは3時間近くに及んだ。しかし岩佐さんが期待したような説明はなかった。「議員の発言は町側の代弁ばかり。事業が本格化する前の今だからこそ、議論を尽くすべきなのに」。残念に思った岩佐さんは、議会に再回答を求めた。

昨年末、報告書が届いた。

「保健福祉センターの実施設計は平成22年度、建設は23、24年度に予定」「現役場庁舎や保健センターの跡地利用は、議会や総合発展計画審議会、商工会、町民の意見を拝聴して検討します」

やはり町への照会結果だけが並び、「議会の考え」は一つもなかった。

議会には議会の理屈がある。公共ゾーンの用地取得議案は04年3月定例会で可決されたが、個別の施設整備方針は

◎大震災被害状況（2011年6月末現在）

死者	275人
行方不明者	6人
避難者数（ピーク時）	6698人
浸水面積（住宅地・市街地の浸水率）	35平方キロ（39%）

固まっていない。

出前懇談会でまとめ役を務めた副議長の安細隆之さん（61）は「過去の議決を覆すような発言はできないし、執行部から具体的な提案がないのに意見を言うのは難しい」と理解を求める。

そもそも議会は、懇談会を「住民の意見を聞く場」と位置付けていた。多様な声に耳を傾け、それを議会活動に生かそうというスタンスだ。住民側は「議員の意見を聞く場」ととらえた。出発点ですれ違いがあった。


〈一層の努力を〉


昨年12月12、13日の土、日曜。議会で12月定例会の一般質問があった。傍聴者は２日間で計１３０人に上り、固定席では足りずにパイプいすを追加した。満員の傍聴席からこんな声が聞こえた。

「質問も答弁も分かりやすい」「結構まじめにやっているね」

06年に始まった年1回の休日議会は、毎回ほぼ満席になる。開かれた議会づくりが浸透してきた。

「執行部が変なことをしないよう、議会には頑張ってほしい」。岩佐さんは議会の取り組みを評価しながら、さらなる努力を期待している。

議長の岩佐信一さん（69）は「住民との接点を増やして互いの理解を深めたい」と語る。試行錯誤が続く。

第4部
閉じる、寄りかかる

作家井伏鱒二の小説「山椒魚」は、岩屋にこもって暮らすうちに肥え太り、外に出られなくなったサンショウウオの心の屈折を描いた。市民に背を向け、既得の権利にしがみつくような仙台市議会の振る舞いは、そのサンショウウオと重なる。第4部のテーマは「閉じる、寄りかかる」。東北唯一の政令市仙台の巨大議会を取り上げる。自らを正当化しようと繰り出す主張は、果たして103万市民を納得させられるのだろうか。

（2010年2月16～24日掲載）

1 政務調査費／良識の府は遠く

仙台市

〈会派に温度差〉

「議会の透明性を高めるため、すべての領収書を明らかにすべきだ」

1月下旬、仙台市議会の会派代表者会議。共産党市議団長の福島かずえさん（49）は、議員の政務調査費（政調費）の使い道を全額公開するよう提案した。

仙台市議会では07年度分までの政調費の収支報告書に、領収書を付ける必要がなかった。08年度分から領収書の添付が求められるようになったが、対象は1万円を超す支出。1万円以下は公開しなくてもいい。

提案に他会派の反応は鈍かった。ある会派代表は「最優先課題は議員定数削減だ」と反論。別の会派は「議会基本条例の制定を検討すべきだ」と主張した。議会改革の必要性は認めながら、政調費のより一層の透明化には及び腰だった。

仙台市	
人口	約103万4000人
議員定数	60
議員報酬	82万4000円
政務調査費	35万円／月

福島さんは「非公開の部分を残したままでは、市民の理解は得られない」と議会不信の高まりを心配する。17日開会の2月定例会に、会派として支出全額に領収書を添付する条例改正案を出す考えだ。

〈総額2億円超〉

仙台市議会は08年度、市議60人で総額2億5200万円の政調費を交付された。このうち領収書が添付されて使途が分かるのは、1億7578万円。交付総額の25%に当たる6178万円は何に使われたか確認できない。

仙台市議会と同額の議員1人当たり月額35万円の政調費を交付する宮城県議会は、原則として1円の支出から領収書の添付を義務付けている。全国の18政令市議会（09年末現在）では、今年4月から実施する大阪市も含めて15議会が領収書のない支出を認めない。

使途の公開を渋る議員は「調査活動が制限される」「地下鉄やバス料金など領収書をもらえない場合もある」と弁明する。

共産党市議団は10円単位のコピー代から事務用品代、駐車場利用料金までレシートや領収書を提出。領収書のない公共料金については、区間と料金を記した支払証明書を添えている。

▲高層ビルが立ち並ぶ仙台市中心部。仙台市議会は東北唯一の政令市にふさわしい「格」を備えているのか

◎大震災被害状況（2011年6月末現在）

死者	704人
行方不明者	43人
避難者数（ピーク時）	10万5947人
浸水面積（住宅地・市街地の浸水率）	52平方キロ（宮城野区、若林区の16%）

福島さんは「99年から全額公開しているが、調査活動の制約になったことはない」と言い切る。

〈二重の報酬〉

政調費と同様、報酬とは別に本会議などに出席した際に交通費や日当として支給される費用弁償にも、市民は「報酬の二重取り」などと厳しい目を向ける。

仙台市議会の議会改革検討会議は昨年、費用弁償の日額1万円を5000円に引き下げる改革案をまとめ、議長の野田譲さん（48）に答申した。2月定例会で条例改正を行う。

野田さんは「半減という案を尊重し、市民の理解を得られるよう説明したい」と話す。

だが、政令市議会のうち10議会は既に、廃止あるいは交通費の実費支給に踏み切っている。

見直しに手を付けるものの時代の流れを読み切れず、市民感覚とのずれを埋められない。仙台市議会の体質が浮き彫りになる。

〈目的外の恐れ〉

「説明責任を果たさず、市民の信頼を著しく損ねた」。仙台市議会は09年6月、当時の梅原克彦市長に対する問責決議案を可決した。公金の私的流用とも言える梅原前市長のタクシー券不適正使用にレッドカードを突き付けた。

その市議会にも、市民が理解できないような政務調査費（政調費）の使い方をしている議員が何人かいる。

08年度の収支報告書を見ると、青葉区の議員（77）は調査研究費として「自然環境と共生する地域づくり」と「総合型地域スポーツ文化の振興」に計２２５万円分の領収書を添付した。もっともらしい名目だが、具体的に何を調べ研究したかは分からない。

議員は「地元の山を観光地化するため、駐車場などを整備した」「自分が代表を務める子どものサッカーチームのために使った」と説明する。

一般市民が私費を投じるなら「篤志家」と評価されるかもしれない。だが、政調費は議員が市政に関する調査研究を行うための経費。目的外使用に見えるが、議会内では黙認されている。

〈59日で191万円〉

この議員は、市議60人（当時）の中で最高の３７３万円を使った。だが、本会議や常任委員会などでは、４年間一度も発言していない。

本人は「質問のための調査に金を使うより、地元に役立てた方が有意義だ」と、議員の本分を否定し意に介さない。

仙台市議会の政調費は市議一人当たり月額35万円（年額４２０万円）。市職員の平均給料とほぼ同じ額が、報酬とは別に支給される。使い残した分は市に返すが、使った分に税金はかからない。

若林区の議員（50）は首都圏などに33回、延べ59日間出張し、１９１万円使った。60人の中でも回数は群を抜き、１年のうち２カ月間を出張に費やしたことになる。

だが、領収書代わりの旅費の支払証明書には「東京へ行政調査」「名古屋へ行政調査」とあるだけ。報告書は会派の代表に出されているが公開されず、出張の

政務調査費の領収書は会派ごとにまとめ、５年間保管される。情報公開請求しないと見ることはできない

目的も内容も一切分からない。

この議員は「農漁村の振興を兼ねた子どもの宿泊体験について調べた」と説明。出張の成果を「現地に行って見聞きすることが大切。十分役立った」と強調するが、本会議などで関連した発言は聞かれない。


〈報告書、疑問も〉


出張を含めた調査研究活動についての報告書は、会派でまとめ議長に提出している。その多くは市政課題の個条書きだ。誰が何を調べて議会活動にどう生かされたか、市民にはチェックするすべがない。

長年にわたり仙台市議会の公金支出に疑問を投げ掛けてきた仙台市民オンブズマンの庫山恒輔さん（64）が指摘する。

「領収書の添付で政調費がどう使われたか、検証できるようになるはずだった。だが、依然として使い道がよく分からない報告書が多い。明らかに不当な使途もある」

年度内に新たに住民監査請求を起こす考えだ。

2　相互依存／執行部と出来レース

〈極秘に「可決」〉

議案をめぐり議員が執行部と激しくやり合う。緊張感の中、採決が行われる—。仙台市民の多くは議会の審議をこうイメージしているだろう。

実際はそうではない。執行部から議案が出された時には既に可決が決まっている。質問も答弁もおおむね筋書き通り。いわば「出来レース」なのだ。

1月下旬、議会棟の一室で極秘の会合があった。メンバーは「市長与党」を名乗る議会3会派の代表者と、奥山恵美子市長ら市幹部。マリンピア松島水族館（宮城県松島町）の仙台市移転に伴う市の出資額10億円が示された。

出資額はそれまでにも内々で説明があった。会派内に異論はない。代表者たちは市幹部に同意を伝えた。この瞬間に2月定例会で関連の予算案が可決されることが確実となった。

〈40年否決なし〉

首長と議員が別々に選ばれる二元代表制では、議会の最大の役割は執行部の監視だ。国会のような与野党の区別はない。だが、仙台市議会では大半の議員が自ら「与党」を名乗る。

現在の与党は、昨年夏の市長選で奥山市長を支援した議員でつくる「新しい翼」、民主クラブ仙台、公明党市議団の3会派。「改革ネット・自民」と社民党市議団も与党的立場で、共産党市議団を除く各党相乗りの態勢だ。

「与党の役割は、政策が議案として出される前の段階で執行部に意見をぶつけ、議案に反映させること。否決となると大変で、市政を否定したと取られかねない」。元議長の岡征男さん（67）は独自の与党論をこう展開する。

一方、民主クラブ仙台代表の木村勝好さん（58）は「市長選で推した市長を支えるのは当然だが、議案に対する賛否は是々非々だ」と強調する。

とはいえ、執行部が出した議案を仙台市議会が否決した事例は40年以上ない。周到な根回しの結果、与党と執行部は安定した関係を保っている。


〈市民蚊帳の外〉


だが、真剣勝負の議論がなければ、市民には政策決定の過程は見えてこない。議案に市民の声がどれぐらい反映されたのか、検証することもできない。

以前は民主クラブ仙台に所属し、今は無所属となった斎藤建雄さん（63）は「議案に少数意見が反映されることはない。過程の議論が大切なのに、議会でのやりとりは形だけになっている」と現状を冷ややかに見る。

昨年の12月定例会。市の施設の指定管理者の選定など二つの議案について、議会が紛糾した。指定管理者の選定では、選定委員に欠員が出たにもかかわらず市がそのまま作業を進めたことが明らかになった。

継続審議や手続きのやり直しを求める意見が出たが、最終的には付帯意見を付けるといった「条件付き」で可決した。

原案の否決を嫌がる執行部と、執行部に寄り添いたい議会の利害が一致した結論だ。市民は蚊帳の外に置かれている。

仙台市議会の議会棟。議場での議論は形だけの場合が多い。筋書きは事前に決まっている

3　議員提案／離合集散、政策二の次

〈条例1本だけ〉

東北最大の歓楽街・仙台市青葉区国分町を埋めたピンクちらしを一掃させた「ピンクちらし根絶条例」、暴走族の取り締まりの後ろ盾となった「暴走族根絶条例」──。どちらも宮城県議会が議員提案でつくった条例だ。

全国第1号のＮＰＯ活動促進条例（98年）を皮切りに、独自の条例は既に23本。全国最多を誇る。

そんな県議会と道路1本隔てた仙台市議会。これまで議員提案で生まれたのは「落書き防止条例」（02年）の1本しかない。

だが、元市議会議長の大泉鉄之助さん（69）は県議会との落差を全く気にしない。「予算をつくり執行する権限は首長にあり、議会の立法権限は極めて小さい。議会は条例提案よりも、執行部のチェック役に徹するべきだ」

「政策立案は執行部の役割」という考え方が議会を包んできた。

〈政争繰り返す〉

このためか、議員同士が政策を議論する機会は少ない。ほとんどの議員は会派に所属するが、政策論議より議会内部の主導権争いが主目的のようになっている。中でも議員が多い自民党系会派は、市長選と議長選のたびに水面下で対立。離合集散を繰り返してきた。

市長選後の昨年8月、最大会派だった「改革ネット・自民」から大量の議員が離脱。同じ自民党系の「きぼう」と合流して「新しい翼」を結成し、改革ネットから最大会派の座を奪い取った。背景には、市長選と6月の議長選をめぐる確執があった。

県議会も以前は政策提案に熱心ではなかった。「改革派」と呼ばれ情報公開に取り組んだ浅野史郎前知事と張り合うように、議会改革が進んだ。活発な条例制定は、議会と執行部との緊張関係の産物とも言える。

元県議の遊佐勘左衛門さん（63）は「執行部がつくる条例は、国の政策を実現するためのものが大半。議会として県民に役立つ条例をつくりたかった」と振り返る。

現在の県議会議長、畠山和純さん（63）も「条例も決議も県民のためのもので、極力全会一致を目指す。地方議会が住民の福祉向上のために条例をつくる効果は計り知れない」と語る。

〈変化の兆しも〉

これに対し、執行部に議会が寄りかかるような関係が続く仙台市。大泉さんは「県議会と違い、政策立案の段階で執行部に意見を言えた。議会が条例をつくる必要はなかった」と歴史の違いを強調する。

市議会にも変化の兆しはある。1月下旬、高校生が国の教育ローンを借りる際、市が利子

仙台市議会棟の玄関に張られた会派別の議員の写真。主導権争いを繰り返してきた会派は、政策集団に脱皮できるか

補給する制度の創設が決まった。議会6会派の議員が2年間検討し、執行部に制度創設を求めた結果だった。

検討会座長の西沢啓文さん（55）は「与野党を超えて政策について議論する意義を、初めて実感できた」と語る。

コップの中の争いに終止符を打ち、政策集団へと脱皮できるか。問われるのは次の一手だ。

4　情報発信／先進性薄れ市民に背

〈中継で先駆け〉

仙台市議会は01年、64だった議員定数を4減らし、現行の60とすることを決めた。その前年には広報委員会をつくり、当時としては珍しい本会議や委員会審議のテレビ中継、議会ホームページの開設を実現した。年4回の定例会前には地下鉄や市バスの車内に開会を知らせるポスターを張り、市民に傍聴を呼び掛けた。

定例会後に市内全世帯45万戸に配られる議会だよりは、事務局任せをやめ議員が編集するようにした。定例会で質問した議員の名前と質問内容を掲載するようにすると、質問者が倍増し、議場が活気づいた。

当時、議長として改革を打ち出した岡征男さん（67）は「市民との距離を縮めるため、特に議会広報に力を入れた」と振り返る。

それから10年。大胆な制度見直しの反動なのか、市議会で改革の機運が大きく盛り上がったことはない。

現在、広報委員長を務める安孫子雅浩さん（47）は「広報を毎年検証しているが、不都合な点はない。テレビで議会番組を作るアイデアはあるが、コスト面で難しい」と話す。


〈惰性の会議も〉

本会議や常任委員会などの審議スタイルとなると20年近く変わっていない。居眠りが目立ち、惰性で続けているとしか思えない会議もある。

9月定例会で開かれる決算審査特別委員会。市長以下市幹部と、監査委員を除く議員全員が出席し、前年度の予算の使われ方を検証し、翌年度の予算編成に生かすための議論をする。

ところが、議員全員が出席しているため、関心の薄い分野で細かい数字のやりとりが続いたりすると、委員会室には私語が増え、緩んだ空気が漂う。緊張感が薄れがちな会議は10日間も続く。

議員からは「分科会方式に変えた方が集中して効率的な審査ができる」との声も聞かれるが、なかなか実現しない。

周辺の市や町の議会は住民に対する議会報告会の開催、議会の憲法と言える議会基本条例の制定など、試行錯誤を重ねながら改革に取り組む。

一方、仙台市議会のベテラン議員たちは「小さい自治体の議会だからできる」

本会議が終わった直後の仙台市議会。市政課題を分かりやすく伝える議論はできたのだろうか

「報告会をやっても人は集まらない」と口をそろえる。

〈潮流直視せず〉

10年前は先進的だった仙台市議会は今、全国的な議会改革の流れに自ら背を向ける。

昨年3月まで市政策調整局長を務め、市職員として長年議会の動きを見てきた平井俊之さん（58）は「議会は市民に対して説明責任を負っているのに、自分の支持者以外の市民と向き合おうとしない」と指摘する。

さらに「名誉職だった時代と違い、議員が地域に果たす役割は大きい。市民の前に出向いて、議案に対する賛否の理由や政策を自分の言葉で語るべきだ」と議員に行動を促す。

議会の側から市民に近づく努力が、より強く求められている。

5　議員ルポ（上）／子育て支援、説得10年

〈母親の声に耳〉

1月下旬、仙台市太白区のマンションの一室で、市議の岡本あき子さん（45）＝太白区・3期＝は子育て中の母親たちの輪に加わった。この日は、太白区役所の近くにできた市の子育て支援施設「のびすく長町南」の使い勝手などが話題になった。

「もう行ってみた？」と岡本さん。母親の1人は「喜んで遊んでくれたよ」。議会で子育て

支援の充実を訴えている岡本さんは、うなずきながら聞いた。

既得権益にしがみつく一方で、政策立案には不熱心なようにみえる仙台市議会。個々の議員に注目すると、それぞれが地域の住民と接する現場を持っている。日常活動を通して行政ニーズをつかみ、執行部に直接つないだり、議会での質問に生かしたりしている。

〈個人技止まり〉

ただ、ほとんどが「個人プレー」にとどまり、政策提案につながることは少ない。市民のニーズに敏感に反応しようとしない議会の現状を、もどかしく感じる議員は少しずつ増えている。岡本さんもそうだ。

「悩みを持つ当事者には、自分が気付かないことを教えられる」と、さまざまな団体や個人の元へ足を運ぶ。切実な実態が目と耳に飛び込む。しかし、それを改善しようと議場で質問しても、共感を得られないことがある。

例えば子どもの食物アレルギー対策。学校給食でのきめ細かな対応はなかなか進まない。岡本さんは「個人の努力では限界がある部分は社会が支えるべきだ」と主張する。だが、議員席の反応は概して冷ややかだ。「行政がそこまでやる必要はない」という声さえ上がる。

子育て支援も以前はそうだった。今では国政選挙の争点となり、政党や世代を問わず多くの議員が重視するが、10年前の市議会では政治課題と見なされなかった。新人だった岡本さんら

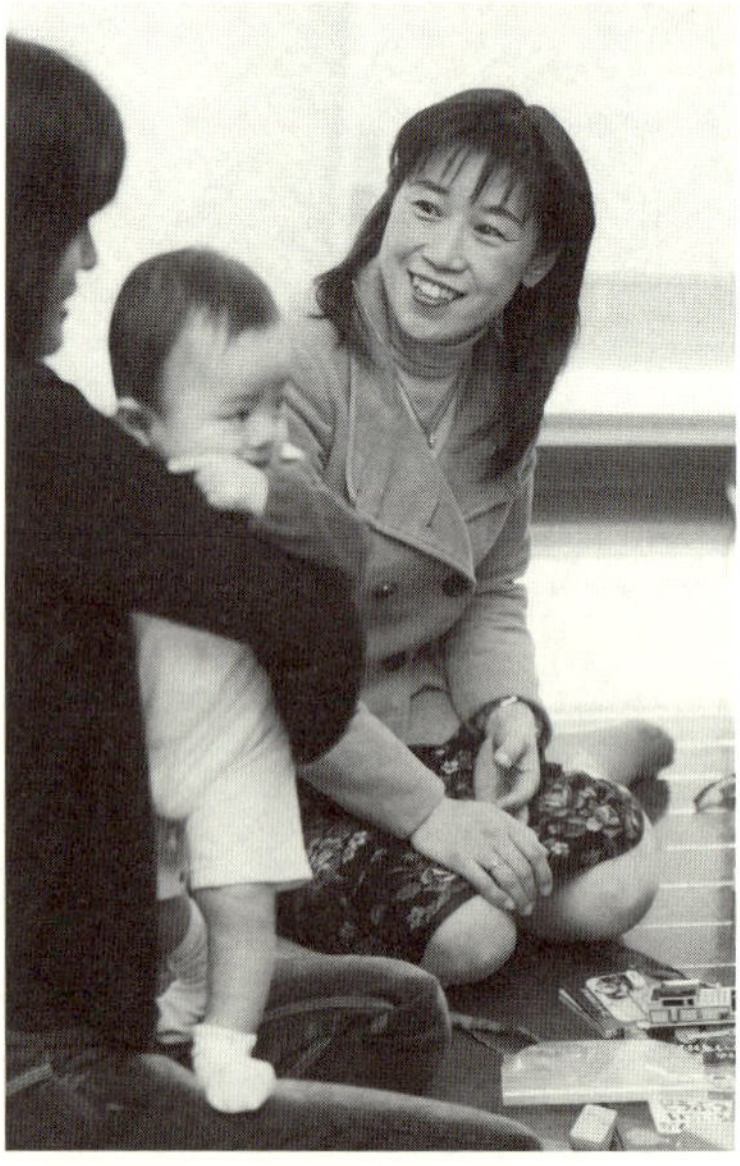

乳幼児を抱える母親たちに、行政の子育て支援について意見を聞く岡本あき子さん＝2010年1月25日、仙台市太白区

女性議員が質問すると、「議会で聞く話ではない」「子どもは家庭で面倒を見るもの」とやじを浴びた。

新たな提案の最初の関門は、価値観の違う先輩議員だった。岡本さんは「主張を理解してもらうには、説得材料をもっと集めないといけないと気付いた」と振り返る。

〈女性は少数派〉

現在の仙台市議会の構成は男性議員47人に対して女性議員は10人。年齢別では37歳の2人が最も若い。平均年齢は56歳。女性、若者は議会ではなお少数派だ。

岡本さんは民主党の所属。宮城県連広報委員長を務め、各種選挙の応援にも駆け付ける。市議会の活動では「市民の意見を吸い上げ、執行部にぶつけていくのが役割」と、党のことはあまり意識してこなかった。

だが、国の政権交代は市議会の民主党と自民党系会派の間にこれまでにない緊張感を生んだ。

岡本さんは「政策提案に向け、会派の枠を超えて議論したい」と語る。その願いがかない、市議会が市民本位の「討論の広場」になる日はくるのだろうか。

6　議員ルポ（中）／地元と議場、使い分け

〈携帯電話に次々と〉

仙台市議の鈴木勇治さん（58）＝太白区・4期＝の携帯電話には、昼夜の区別なく地元住民から連絡が入る。

「市道整備はどうなったか」「街路灯を付けてほしい」「親を特別養護老人ホームに入所させたいが、空きはないか」

日々の暮らしに関するあらゆることが寄せられる。1日に7、8件が重なることも珍しくない。現場に行って話を聞き、自分の目で確かめる。実現できるかどうか区役所や市の担当課に相談し、その結果を住民に伝えている。

議会の役割は執行部の監視と政策立案、とされる。しかし地元で議員に期待されるのは、住民の要望を執行部につなぐ仲介役。ほとんどの議員は精いっぱい応えようとしている。そうでなければ地域の代表と見なされなくなるからだ。

〈与党ゆえ遠慮〉

市職員だった鈴木さんは95年、市議に初当選した。行政経験を生かし、議会では財政健全化など市政の重要課題をよく質問する。その成果を支持者向けの市政報告会で報告しても、反応はあまりよくない。

「地元で求められることと議会活動にはギャップがある。地域と議場では頭を切り替えないと」と割り切っている。

鈴木さんは1期目から自民党系会派に所属し、市長を支える立場を貫いてきた。現在は議会の最大会派「新しい翼」の幹事長だ。党籍はないが後援会に同党を支持する人が多く、鈴木さんも理念に共感している。

最大会派にはメリットも期待できる。「与党だからこそ地域の要望が執行部に通りやすくなる」と信じている地元住民は多い。

しかし「与党」を意識すれば、市政課題について突っ込んだ議論はしにくくなる。鈴木さんは「遠慮はある。公の場で執行部と真剣勝負はできていない」と議場での議論が形だけになりがちなことを否定しない。

市民が議会を傍聴してもつまらないと感じるのは、そんな緊張感のないやりとりが原因だ。それでも議員の多くは「執行部との水面下での交渉で地域の要望や政策が実現できればそれで十分だ」と深刻に受け止めようとしない。

住民要望が実り、危険防止のためアスファルトで覆われた側溝を確認する鈴木勇治さん（右）＝2010年1月12日、仙台市太白区

〈甘えなくせず〉

「地元に対しては議論より結果が大切」と語る鈴木さんだが、議会の現状には満足していない。事前に担当課に問い合わせれば分かる数字を細かく聞いたり、地元への利益誘導を求めたり、「質問した」という実績づくりとしか思えない内容が多い。質問そのものを執行部につくってもらう議員さえいる。

鈴木さんは「自分も含めてだが、議員のレベルアップが必要だ」と断言する。議員の甘えをなくすために、執行部が議員に逆質問できる「反問権」の制度を議会に導入する考えも温めている。

だが危機感を会派内で訴えたことはない。開会中の2月定例会の会期は1カ月に及ぶ。「漫然とした内容にならなければいいが…」。それもまた鈴木さんの本音だ。

7 議員ルポ（下）／目線、若者らに教わり

〈投票率は続落〉

午前7時半、仙台市議の石川建治さん（51）＝泉区・3期＝は地下鉄泉中央駅前でマイクを握っていた。約1時間、職場や学校に向かう人たちに市の現状や必要な施策を訴えた。所属する社民党の宣伝もするが、だいたいは市議としての自分の主張だ。「素通りする人の耳に、一言でも届けば」と、99年の初当選から毎週1回続けている。

仙台市の人口は103万人。これに対して市議会の定数は60。ほとんどの市民にとって議員は遠い存在だ。選挙の時以外、名前を聞くことはない。議会への関心は低く、07年の市議選の投票率は46・39％。95年から4回連続で過去最低を更新中だ。

大都市の市民と、議員はどう向き合えばいいのか。石川さんが選んだのは、できるだけ多くの市民とつながりをつくるため、自ら動くやり方だった。街頭演説はその一環だ。

〈相互メリット〉

政治への関心が薄いとされる若い世代にも目を向ける。NPO法人「ドットジェイピー」東北支部のインターンシップ（就業体験）事業に協力し、1月末から2カ月間、大学生2人を受け入れている。地域の視察や質問の資料作りなどを手伝ってもらう。

議員と行動を共にすると、若者の視野は広がる。インターンの一人、東北学院大1年の佐々木若菜さん（19）は「石川さんは地域で多くの人の相談に乗っている。議員は議会で議論するだけが仕事ではなく、住民に身近な存在なのだと気が付いた」と話す。

石川さんにもメリットがある。「若者の感性はみずみずしい。彼らの意見が議会での質問になることもある」。若者向けの活動が、議会への市民の関心を高める可能性もある。

〈活動に注目を〉

地元の支持者向け活動として、石川さんは年4回、議会活動報告を発行している。同じように、多くの議員がそれぞれ報告会を開いたり活動報告を送付したりして、議会の様子を伝えている。

だが、対象は支持者にとどまる。周辺の市や町で始まった議会報告会のように、仙台市議会全体として市民と向き合おうという機運は全く盛り上がらない。

政務調査費の不透明な使い方などから、議会に対し市民は厳しい目を向けている。議員すべてが同じように見られることに、石川さんは憤りを感じている。自分を奮い立たせるようにこう話す。

「議会が何をしているか見えないから、市民から『定数が多い、報酬が多い』

大学生に市議の仕事を説明する石川建治さん。若い世代の意見に学ぶこともあるという＝2010年1月29日、仙台市青葉区

との声が上がる。区ごとに議会報告会を開くなど、もっと市民に働き掛けなければ、信頼は取り戻せない」

その一方で、市民の責任も見据え、注文を付ける。「駄目な議員を選ぶのも市民。投票して終わりではなく、4年に1度でも、選んだ議員がどんな活動をしているのか注目してほしい」

仙台市議会は権威の殻を自ら破り、市民と向き合う勇気を持てるのだろうか。

仙台市議会対話集会

１０３万市民の代表機関である仙台市議会が、変わろうとしている。各会派が競うように改革案を提示し、検討が始まった。この機会をとらえて河北新報社は、自治体議会改革フォーラム代表の広瀬克哉法政大教授をコーディネーターに迎え、対話集会「仙台市議会は変われるか」を開催した。参加したのは住民約50人と渡辺公一副議長、各会派の代表11人。住民と仙台市議会が初めて向き合い、本音をぶつけた対話集会を詳報する。

〈厚遇にあぜん〉

「今どき1万円以下の支出に領収書が必要ないなんて、民間企業ではあり得ない。一般市民の感覚とずれている」

「議員報酬をもらっているのに費用弁償まで受け取るのはおかしい」

「海外視察はどう見ても観光旅行。歴史も文化も違う国の事例が参考になるとは思えない」

手厚い議員の待遇に会場からは、厳しい意見が相次いだ。

仙台市議会の政務調査費（政調費）は議員1人当たり月額35万円。1万円以下の支出に領収書の添付義務はない。本会議などに出席すると、報酬とは別に1日5000円の費用弁償が支給される。海外視察には100万円までの旅費が出る。

〈透明化を約束〉

「率直におわびしないといけない」と民主クラブ仙台の小野寺健議員は頭を下げ、「報酬も政調費も公金。議会活動の内容や費用を住民に説明しなくてはならない」と反省を口にした。

改革フォーラムの斎藤範夫議員も「政調費支出の透明化などほかの議会では解決済みの問題をクリアできていない」と謝罪。「仙台市議会と名乗るのが恥ずかしい」と言うと、会場から「市民はもっと恥ずかしいんだ。真剣になれ」と

仙台市議会が初めて住民と直接顔を合わせて話し合った対話集会＝2010年5月26日、仙台市青葉区の河北新報社ホール

声が飛んだ。

政調費支出の透明化を約束した各会派に住民は「すぐできるのに、やらないのが一番の問題点だということが分かっていない」とため息をついた。

09年、視察でヨーロッパを訪れた「新しい翼」の鈴木勇治議員は「きちんと視察して報告書も公開している」と説明した。ただ「批判は誠実に受け止める」として、海外視察を「議会が必要と認めた場合に派遣する方式に改めたい」と会派の改革案を示した。

〈否決せず40年〉

仙台市議会は40年以上、執行部案を否決したことがない。会場から男性参加者が「『オール与党』で、執行部へのチェック機能が働いていない」とただした。

これに対し、公明党の鎌田城行議員は「否決がないから市長となれ合っている、という意見には賛同できない」と反論。「否決した場合の住民生活に与える影響や、市政全般を否定したと誤解される恐れを考え、賛否は慎重に行っている」と説明した。

社民党の辻隆一議員も「議会広報を読めば議案に対する質問内容や会派ごとの賛否は分かる。チェック機能は果たしてきた」と弁護した。

その一方で議員からは、議会と執行部の「非公式協議」を認める発言もあった。

「新しい翼」のベテラン鈴木勇治議員は「自分たちの政策をどう実現するかを考えたとき、執行部と事前に協議して議案に盛り込ませる方法でやってきた」と率直に述べた。

「自分の提案を執行部の政策に盛り込ませる議員が評価される、という昔ながらの価値観が残っている」と話したのは民主クラブ仙台の中堅岡本あき子議員。「議案が出る前に仕掛ける、というのがこれまでの議会だった」と話した。

〈本会議は儀式〉

会場からの追及で、住民が知らないところで予算の使い道が決まり、本会議はセレモニーでしかないことがはっきりした。

これを受けて住民と議会が直接話し合う場を求める意見が続出。ある男性は「住民と議会のコミュニケーションが双方向になっていない」と述べ、議会報告会の実施を求めた。

共産党の花木則彰議員は「市長1人に対して議員が60人いる意味は、住民の多様な意見を反映させるため」と賛意を示しつつ「小さな議会は一つにまとまって報告会を開けるが、仙台市議会の場合は難しい」と本音も漏れた。

「ベテラン議員の居眠りや私語がひどい」という住民の声もあり、渡辺公一副議長は「近く改革検討組織を設置し、議員が議会の役割を自覚するための仕組みづくりについて議論する」と理解を求めた。

〈各会派が持論〉

仙台市議会では、野田譲議長が議員定数の見直しを各会派に打診したのをきっかけに、改革議論が動きだした。

改革フォーラムと公明党は、11年4月の市議選で現行の60を55に減らすべきだと主張した。公明党の鈴木広康議員は「頑張らない議員は選ばれなくなる。結果的に議員の資質向上につながる」と話した。

会場からは「この際、45ぐらいまで減らしたらどうか」という声が出る一方、「定数や報酬を減らした結果、政策論争の質が低下しては本末転倒」との意見もあった。「新しい翼」と民主クラブ仙台は、議会基本条例の制定が急務と共同提案。社民党も7項目の改革メニューを示した。

共産党の福島かずえ議員は「まずは情報公開による議会の透明化、傍聴ルールの改善に取り組みたい。じっくり時間をかけるべき改革と、すぐにできる改革がある。今は住民の目に見える変化を急いで示すことが必要だ」とアピールした。

〈3年何してた〉

にわかに盛り上がる改革議論を住民は冷めた目で見ているようだ。会場からは「改選まで1年を切った今、急に改革案が出てきたのはなぜか」「前回の選挙から3年余り、ほとんど何もしていない議会を信じていいのか」との批判があった。

仙台市議会は本会議でのクールビズを「議会の品格」を理由に見送った。

男性参加者は「温暖化防止を言いながら、過剰に冷房を効かせてネクタイを締めている。こんな小さな見直しすらできない議会をどうして信用できるのか。『議会の品格』とは何かを考えてほしい」と詰め寄った。

改革案を残された任期で実現できるかどうか、議会の本気度が試されることになる。

〈話す場もっと〉

「議員は会派単位で発言しがちだが、住民は議会全体を見ている」と気付いた改革フォーラムの斎藤範夫議員。そこで社民党の大槻正俊議員は「議会は、会派の枠を超えて政策集団に生まれ変わるべきだ」と提案した。

会場を埋める住民の迫力に気おされる形で会派の解体にまで言及した議員たち。だが、住民は半信半疑だ。

参加者に対話集会の感想を書いてもらったところ「しなければならない、する必要がある、といった話が多かった」「本気で改革するとの意気込みを感じなかった」との意見が目立った。男性参加者は「それでも、今後の改革に期待するしかない」と述べ、「今回のような対話の場をもっとつくってほしい」と求めた。

住民と議会の関係をめぐり、議員間の意見が対立する場面もあった。

公明党の鈴木広康議員は「住民がわれわれの雇い主。議員をしっかりと評価し、働かない議員は選ばないでほしい」と話した。

これに対して渡辺公一副議長は「議員には選挙で選ばれたという自負がある。市議選の投票率が低調なのは住民の関心が低いからだ」と反論した。


〈批判と自省と〉


副議長の発言には住民から「高慢さの表れ」「旧態依然としたセンス」との批判があった半面、ある女性は「議会の体たらくを招いた責任は住民にもある」と自省した。

仙台市議会で議論となっている議員定数の見直しについて副議長は「地方自治法の改正で定数の上限は自治体が独自の裁量で決められるようになるが、だ

執行部へのチェックの甘さなどについて住民から厳しい批判が相次いだ

から と言って議会だけで決めてはいけない」と説明。定数議論を住民参加の第一歩としたい考えを表明した。

「新しい翼」の橋本啓一議員は「議員は住民から遠い存在になっている。会派が示した改革案も自己満足では住民の理解を得られない」と、住民を交えて改革案を練り直す考えを示した。

◎総評／法政大教授　広瀬克哉氏

〈削減論に終始〉

全国の議会でいま一番ホットなのは、仙台市と同じ政令市名古屋の議会だろう。ずけずけ物を言う河村たかし市長が「議会は高い報酬を得ているのに役に立っていない」として、議員の定数と報酬を半分に減らす条例案を提出した。

この条例案を議会は否決。河村市長は支持者と一緒に議会をリコール（解散請求）する準備を始めている。

名古屋市議の報酬は年1500万円。「住民の代表なら住民の収入とのバランスを図るべきだ」と定数や報酬の削減を求める主張は、住民感情からすれば確かに分かりやすく、支持されやすい。

だが、単に「多すぎる、高すぎる」と言うのでは「コストを削減しよう」という議論で終わってしまう。定数や報酬を削減した上で「どのような議会を目指す

〈ひろせ・かつや〉
ロンドン大政治経済学院研究員などを経て現職。専門は行政学、自治体学。「自治体議会改革フォーラム」代表。東大大学院博士課程修了。1958年、奈良県生まれ。

べきなのか」という前向きな提案になっていない。

「議会がこう機能すれば、行政はこんなふうに良くなる、問題点が明らかになる、政策の失敗を未然に防げる」という姿が、残念ながら削減の提案からは見えてこない。

それでも現実には、削減の主張が相当数の支持を集めている。このことが地方議会の深刻な現状を表しているのだと、議員は強く自覚しなければならない。

〈近づく努力を〉

人口1万4000人の北海道栗山町から始まった議会基本条例制定の動きは政令市議会にまで広がった。10年4月までに条例を制定した議会は全国で104。検討中の議会も多数あり、あと1年で200～250になると見られる。

こうした改革の取り組みが進んでいるにもかかわらず、議会には依然として厳しい目が向けられている。「議会が働けば地域に役立つ」というイメージを持っている住民は決して多くない。こうした現状を変える努力が、議会に求められている。

議員個人とその支持者の関係は、ほとんど意味をなさない。会派は同じ政策を共有する議員の集まりだが、住民は「議会全体として改革にどう取り組むのか」を見る。

そう考えると、オール仙台市議会と住民との距離は、議員が思っているよりもずっと遠いのではないだろうか。

今回の対話集会のようなひざ詰めで議論する機会を豊富に持つことで、住民と議会の距離を近づけることが期待できる。

〈周回遅れ明白〉

会津若松市議会は住民との意見交換会で対話を繰り返しながら政策をつくっている。大分市は47万人の人口を抱えるが、議会は報告会を開いている。全国の先進例を踏まえ、議会改革の在り方を考えてほしい。

請願の提出者を議場に招き、直接、趣旨説明をしてもらう取り組みもある。参考人と位置付ければすぐにできる。公聴会を開いて住民から議案などへの意見を聞くことも可能だ。

議案を審査する委員会の「休憩」を柔軟に活用する例もある。議員が在席したまま休憩に入り、傍聴者に質疑への感想や意見を聞く。議会の議論に住民も加えようという試みだ。

10年の3月定例会では、議論を重ねて執行部の新年度予算案を修正した議会が空前の数に上った。

千葉県我孫子市の前市長は、提出した予算案が毎回、議会で修正されたが、そんな議会を「誇りに思う」と発言している。提案するのは首長だが、自治体として意思決定するのは議会であり、修正がないのはむしろ不自然という考えだ。

改革の動きは全国でどんどん進んでいる。仙台市議会は明らかに周回遅れ。今は、住民参加を取り入れたり、首長と政策議論をして住民に選択を迫ったりする時代だ。

それぞれの議会改革案を発表する議員たち。住民本位の議会に脱皮することができるか

議会改革は議員だけでは決められないと考えたのが会津若松市議会。公募した住民と一緒に話し合って議会基本条例をつくった。

議会基本条例をつくる会議で毎回、必ず傍聴人の意見を聞いた議会もある。発言の準備をして傍聴に臨む人も現れた。住民には「自分たちがつくった条例」という実感が芽生えた。こうしたプロセスがあると議会報告会にも「行ってみよう」となる。

これに対し、川崎市議会は悪い例。傍聴すら認めずに議員だけで議会基本条例をつくった。半年以上たってからパブリックコメント（住民意見）を募ったが住民の不満は大きく、かえって議会との距離が開いてしまった。

仙台市議会が議会基本条例をつくるときは、公開の場で傍聴者を交えて議論したらどうだろうか。住民同士、あるいは議員同士で議論した結果を持ち寄って話し合い、住民と議会が一緒に条例をつくる姿勢が重要だ。

住民もまた議会改革の当事者であることを忘れてはいけない。次回の対話集会は、議会主催で開くと約束してほしい。

第5部 縮む、見失う

「報酬が高すぎる」「議員を減らせ」。コストカットの大合唱に「議会は住民のためにある」という当たり前の事実がかすんでいく。住民に責め立てられ、自信をなくした議会はいつの間にか住民を恐れるようになる。第5部のテーマは「縮む、見失う」。現状を変えようと取り入れた仕組みが、今度は新たな壁となって議会の前に立ちはだかる。果たして負の連鎖は断ち切れるのか。

（2010年3月8〜14日掲載）

1　報酬日当制／「手弁当」割れる評価

福島県矢祭町

〈人事案を否決〉

東北最南端の町、福島県矢祭町は「合併しない宣言」の発信地だ。自立路線を支える行財政改革が話題を集め、地方自治のフロントランナーとして名をはせてきた。

その勢いが失速している。

カリスマ的存在だった根本良一前町長の引退だけが理由ではない。全国で唯一実施している議員報酬の日当制が影響している。

2月26日に開かれた議会の全員協議会。２０１０年度当初予算案と主要事業が議題だった。3月定例会という本番を前に「説明を尽くしたい」と執行部が初めて申し入れた。

福島県矢祭町	
人口	約6600人
議員定数	10
議員報酬	1日3万円
政務調査費	なし

執行部が慎重姿勢に転じたのは、議会で異例の事態が続いたからだ。
町が力を入れていた「（通称）第2役場構想」に異論が相次ぎ、昨年3月定例会への関連議案の提出を断念。9月には全国から蔵書を募った「もったいない図書館」を発案した女性教育長の再任人事案が否決された。

〈「場当たり的」〉

是々非々の姿勢で執行部と対峙《たいじ》するという議会本来の姿に近づいたともとれる。だが町職員や議会を傍聴している住民からは「反対のための反対のような場当たり的な質疑がある」「安い日当しかもらっていないから『言いたいことを言わせてもらう』との意識が強まった」との声が聞かれる。

議員報酬の日当化は、報酬の対象となる議会活動が何なのかを明確にし、議会費をガラス張りにするのが狙いだった。全国的な反響を呼び、議会には「勇気ある決断だ」と称賛の電話やメールが各地から届いた。

条例を提案した議員の菊池清文さん（64）は「議員は精神的にも経済的にも自立しなければならない。気概の問題として日当制を選んだ」と力を込める。「議員はボランティア精神で」という考え方が根底にある。

〈年額で１００万円〉

導入した08年度、議員に支払われた報酬総額は１２０６万円。期末手当を廃止した影響もあり、07年度の３分の１に減った。議員１人当たりでは約１００

「町内視察」として公共事業の進ちょく状況を確かめる議員たち。丸１日かけ20カ所以上の現場を回った
＝２０１０年1月26日

万円。月額では8万円余にとどまる。

町の財政面からは効果はあったようだ。だが、ベテラン議員の圷《あくつ》豊明さん（76）は指摘する。「人を安く使えばじり貧になる」。議会の弱体化を心配し、今もなお日当制に反対する。

「町長が無報酬なら議員も無報酬でいい。議員も町長も選挙で選ばれた住民の代表なのだから、条件は同じにすべきではないか」

薄給で活動する議員たち。一般質問を一問一答方式に変え、町長に反問権を与えるといった改革の形は整えつつあるが、それを自治の力を高めるための議会審議に使おうとはしていないように見える。議会広報誌の編集は、事務局に任せたままだ。

議長の富永盛彦さん（69）は渋い表情で語る。「日当制という最大の改革を行ったばかりだからね。次の一手が見えてこない」

〈母親と交流会〉

昨年8月の夕方、矢祭町の議員10人全員と、若い母親たち11人が公民館の和室に集まった。「議員と幼稚園保護者との交流会」。小学校の統廃合問題や保育環境をテーマに2時間半、話し込んだ。

議会としては初めての住民との対話。呼び掛けたのは母親たちだ。

個別の要望を伝えるだけではなく、広い観点から話し合いたい。それなら執行部より議会の方がいい―。そう意見がまとまった。

「子育て真っ最中の親の思いや悩みをくみとってもらえた」

開催を呼び掛けた自営業丸山美佳子さん（36）は手応えを感じ、12月には2回目の意見交

〈報酬の日当制〉

定例会や委員会など議会の正規の会議や議長が認める公式行事に出席した場合、1日3万円が支給される。議員提案による関連議案を2007年12月に可決、改選後の2008年3月31日から適用している。

換会を開いた。

こうした活動は議会では非公式扱い。議員が仕事を休んで参加しても日当は支払われない。そんな現状は丸山さんらの自覚を促した。「誰かに頼り切りでもいけない。自分たちでできることは自ら取り組んでいきたい」

議会側の窓口になった議員の金沢重光さん（59）は「少ない財源を有効に使うには住民と一緒に知恵を出していかないと」と語る。議会と住民の連携をもっと広げたいと考えている。

2月中旬。金沢さんは特産のイチゴの出荷作業に追われていた。「議員の報酬は年間70万ぐらいかな。農業があるから生活できるが、そうでないと無理だね」

〈奉仕の心が礎〉

日当制は議員、住民のボランティア意識に支えられている。そうした「公」の意識づくりは、多くの自治体の目標でもある。だが、全国の市町村議会に追随する動きはない。

隣の塙町議会（定数14）の議長鈴木道男さん（62）は「議会の強化が時代の流れ。ボランティア的な議員では務まらない」と言い切る。副議長の鈴木静夫さん（59）も「毎定例会後の議会報告会など、うちは違うやり方で改革を進める」と距離を置く。

当の矢祭町議会でも、現在の賛否はほぼ拮抗《きっこう》状態だ。日当制議案を07年12月に可決した際は賛成7、反対2だったが、08年3月の改選後に反対派が勢いを

議員たちが体育指導委員と語り合う。住民との対話に議会活動のヒントを見いだそうとしている＝2010年1月25日夜

増している。

〈働きぶり次第〉

今年1月下旬、町体育指導委員会と議会との意見交換会があった。幼稚園の保護者たちに触発され、指導委員会が要請した。

テーブルを囲み、町の恒例行事、体育祭の展望やスポーツ振興策を話し合った。どこからともなく「またやりましょう」との声が飛んだ。

議員は今回も無報酬。副委員長の本多春子さん（53）に二つの思いが交錯する。

「以前は、議員という地位にいるだけで報酬をもらっているイメージがあった。しかし、今の日当では本当に働く議員には足りないと思う」

評価が分かれる日当制。続けるのか見直すのか、どちらに傾くかは議会・議員の働きぶりにかかっている。矢祭町議の任期満了日は12年3月30日。残り2年だ。

2　なり手不足／人口増薄まる存在感

宮城県富谷町

〈抗議が十数件〉

住民をあきれさせるような独り相撲をとった議会がある。宮城県富谷町議会。

昨年11月、人事院勧告に基づいて町職員給与を2・2％引き下げる条例改正案を賛成少数で否決した。

「職員は少ない人数で頑張っている。人勧に従う必要はない」というのが、改正案に反対した議員たちの公式見解。その裏で「職員の給与を下げたら、議員報酬の引き上げを言い出しにくくなる」と打ち明ける議員もいた。

翌日、議会には抗議の電話や電子メールが十数件届いた。

執行部は4日後、まったく同じ内容の改正案を再提出。住民世論に押

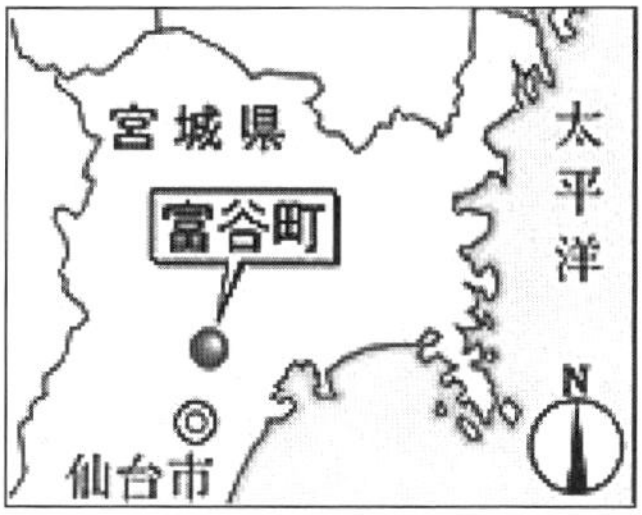

宮城県富谷町	
人　　口	約4万6900人
議員定数	20
議員報酬	23万2000円
政務調査費	1万5000円／月

され、議会も今度は賛成多数で可決した。

「職員給与や議員報酬の在り方について検討していくとの答弁をもらった。今回はこれで矛を収める」。議会は、反対から賛成に転じるための大義名分を執行部におぜん立てしてもらい、辛うじて面目を保った。

〈定数割れ寸前〉

議会の迷走を尻目に町勢は、驚異的な伸びを続ける。

国立社会保障・人口問題研究所は、05年国勢調査を基準にして30年後、富谷町の人口が32・7％も増加すると推計した。全国3位の増加率だ。

東北最大の都市・仙台の北隣という地の利が町に活力を与えている。就業者の97・8％がサラリーマンや自営業で、大半が仙台市に通勤する。

宮城県の調べでは、子どもやお年寄りも含めた町民1人当たりの年間所得は287万6000円。仙台市をも上回って県内トップに立つ。

「それに比べて議員報酬だけでは子どもも満足に育てられない。好きこのんで議員になろうという人はいない」。議長の渡辺俊一さん（58）が嘆く。

実際、議員は自営業者や定年退職者がほとんど。平均年齢は県内で最も高い64・7歳だ。

前回の町議選では、立候補の意思を表明する人がなかなか定数に届かず、危うく定数割れするところだった。既に引退した元議員らが立候補して帳尻を合わせ、無投票で議席が埋まった。

富谷町の新興住宅街から隣接する仙台市中心部を望む。ベッドタウンで暮らす住民の議会への関心は低い

「この町では、定年後に町内会長を引き受けてから議員に立候補すれば百パーセント当選確実」。こう語る住民もいる。

急成長する町としぼんでいく議会。「若い住民が立候補できる環境整備が急務」と語る渡辺さん。「議員報酬の引き上げも必要だが、果たして住民は許してくれるだろうか」と弱音も吐く。

〈「環境整備を」〉

報酬引き上げの方針を住民に納得してもらうには、議会として相応の実績が必要になるが、富谷町議会にはそれがなかった。１年前に議会活性化調査特別委員会を設置したものの、話し合いは堂々巡りし、いまだに方向性は定まらない。

１年後には、また議会が改選される。定数を超える候補者が立ってくれるのか。渡辺さんは「怖い気がする」と話した。

3 時間短縮／能率優先、質疑にたが

宮城県南三陸町

〈収まらぬ怒り〉

「時間がなくなり、焦っています」

「本当はもっと質問したいのですが」

3月2日、宮城県南三陸町議会の一般質問。議員の大滝りう子さん（68）は介護保険制度の充実策を観点を変えながら質問した。佐藤仁町長ら執行部の答弁は20回を超えた。恒例のやりとりだが、この日はいつもと違うことがあった。質問中に4度、大滝さんが時間不足を言い立てた。

「質問時間を短くするからこんなことになる。議会運営委員会にはよく考えてもらいたい」。質問の後も怒りは収まらなかった。

昨年12月定例会まで、一般質問をする議員の持ち時間は執行部の答弁を含めて90分だった。3月定例会からそれを60分に短縮することが、1月末

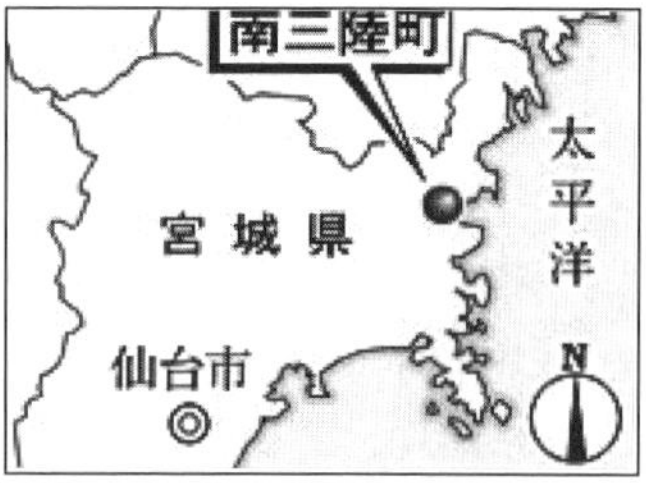

宮城県南三陸町	
人口	約1万7800人
議員定数	16
議員報酬	22万1100円
政務調査費	なし

の議会運営委員会で決まった。

議運委員長の星喜美男さん（60）は短縮の理由をこう説明する。「以前から90分は長すぎるという意見が議会内にあった。時間がたっぷりあると、締まりのない質問が多くなる。能率的な運営を図り、議会の権威を守るべきだと判断した」

議長の佐藤栄さん（59）も「議員はきちんとまとまりのある質問をしないと、町民にあきれられる」と語り、議運の決定を支持する。

〈以前は90分間〉

南三陸町は05年10月、旧志津川、歌津両町が合併して誕生。議会も新たに出発した。運営ルールは旧議会を踏襲するのではなく、一からつくり上げることにした。今も試行錯誤が続く。

▲残り時間は2分あまり。大滝りう子さん（手前）は最後まで佐藤町長（中央）ら執行部に質問をぶつけた＝2010年3月2日

一般質問は、議員がすべての項目を質問した後、執行部が一括して答弁する方式で始めた。しかし、質問と答弁がかみ合わず議論が深まらないなどとして、07年9月定例会から質問と答弁を交互に繰り返す一問一答方式も選べるようにした。

質問時間は当初60分だったが、時間不足になる議員がいたため08年9月定

◎大震災被害状況（2011年6月末現在）

死者（うち議員）	542人（1人）
行方不明者	664人
避難者数（ピーク時）	9000人以上
浸水面積（住宅地・市街地の浸水率）	10平方キロ（52%）

例会から90分に延ばした。ただ、時間をフルに使うのは1、2人。30分もかからないケースもあり、どれだけ時間を使うかは議員個々に任されていた。そうした経験があるだけに、時間短縮への反発は強かった。

鈴木春光さん（71）は「90分のままでなぜいけないのか。質問の権利を自分たちで制限するのはおかしい」と訴える。三浦清人さん（55）は昨年10月の改選から、議員定数を6減の16としたことを含め、議会の自己規制の強まりを懸念する。「このままでは住民のためではなく、執行部のための議会になりかねない」

〈スタンスに差〉

背景には議員の立場の違いがある。議会発足時から執行部提案に賛成する議員と、是々非々で臨む議員が、さまざまな面で対立してきた。今回の件で両者の間の溝はさらに深まったようだ。

議長の佐藤さんは「議会として町民の意見を聞く場をつくりたい」と議会改革への意欲を示す。先行市町村のように、議会が一体となって町民と向き合うことはできるのだろうか。

4　債権回収条例／監視機能を自ら放棄

宮城県多賀城市

〈提訴を迅速化〉

改革の旗を掲げる地方議会の多くは、議決権の拡大を目指す。地方自治法96条2項の条文「（条例で）議会の議決すべきものを定めることができる」が、「議会の意思で議決権を拡大できる」と読めるからだ。

しかし山梨学院大の江藤俊昭教授（政治学）は、議会が議決しなければならない事項を列記した96条1項こそが重要と説く。「やみくもに議決権を拡大する前に、議決しなければならない事項をしっかり審議していますか」

多賀城市議会は、この問い掛けをどう受け止めるのだろうか―。

昨年の12月定例会。執行部は「私債権保全管理条例」を提案した。

条例は、滞納されている学校給食費などを取り立てる仕組みを明記。市

多賀城市	
人　　口	約6万2900人
議員定数	22
議員報酬	38万4000円
政務調査費	1万5000円／月

による支払い督促の申し立てがこじれた場合は、訴訟へと移行する。手続きを迅速化するため、提訴に必要な議会の議決は「あったもの」とみなした。

96条1項は、自治体が「訴えの提起」に踏み切る際は、その一つ一つを議決するよう義務付けている。議会のチェックで執行部の暴走を防ぐためだ。

〈乱発の恐れも〉

多賀城市の給食費滞納額は361世帯の1868万円。市市長公室は「訴訟にまで発展するのは限定的」と説明するが、議会の許可なしに住民を訴えられる権限を市が手に入れたことは間違いない。この先、条例が独り歩きして訴訟が乱発されないとも限らない。

実際、多賀城市と同じ条例を4年前に制定した南相馬市の人事法務課は「どうして議会の判断を封じるような条文を盛り込んでしまったのか、今となっては分からない」と困惑し「常識的には自治法違反だと思う」と話す。

債権の取り立て手順を明文化している自治体は珍しくないが、提訴に不可欠な議会の議決を「あったもの」としている条例は、両市のほか全国でも数えるほどしかない。

多くの自治体は、執行部が先行して訴訟手続きを進め、後に議会へ報告する専決処分で対応している。根底には、たとえ事後であっても議会のチェックは欠かせないとい

▲執行部が不定期で開く議員説明会。議案を検討する時間は、次の定例会まで十分に確保されているはずなのだが…＝2010年2月10日、多賀城市議会

◎大震災被害状況（2011年6月末現在）

死者	121人
行方不明者	3人
避難者数（ピーク時）	1万2000人
浸水面積（住宅地・市街地の浸水率）	6平方キロ（33%）

う発想がある。

自治法違反とも受け取れる条例について市長の菊地健次郎さん（63）は「今は自治体が法律を自主的に解釈して条例をつくる時代。自力で条例をつくった職員の努力を評価したい」と主張する。


〈「危うさ」直感〉


議員の藤原益栄さん（53）は、最後まで悩みながら採決に臨んだ。

「債権をきちんと回収したいという意欲はよく分かる」。半面「議会の監視機能が果たせなくなることが気に掛かる」。議員として培った直感が「この条例は危ない」とシグナルを送っていた。

藤原さんら何人かの議員の心に引っ掛かりを残したまま、条例は賛成多数で可決された。

議会の総意は、自ら議決する権利より行政事務の効率化を選んだ。

この瞬間、議会は行政の提訴から住民を守るすべを失った。

5 議員定数（上）／削減外圧強まり焦燥

宮城県石巻市

〈署名1万人超〉

議員の任期満了まで3カ月を切った。石巻市議会は、残された時間で議会基本条例と議員政治倫理条例の両方を仕上げるというが、スケジュールは大幅に遅れている。

このタイミングで、住民から議員定数の削減を求める請願も提出された。5月の市議選で定数を6減らすよう求めている。山積する課題の数々を、議会はどうさばくのか—。

請願は「行財政改革に取り組んでいる市当局と呼応して、議会にも経費節減が求められている」と主張。「近隣の議会では既に定数削減が進んでいる」と迫る。

石巻市	
人口	約16万4200人
議員定数	34
議員報酬	44万5000円
政務調査費	3万円／月

請願者の木村幸子さん（64）は「議会活動に不熱心な議員がいるといううわさがある。聞こえてくるのは足の引っ張り合いばかり」と話す。削減幅を6とした根拠は「主婦としての感覚」。

自分たちの代表を減らすには何とも心もとないが、共感する住民は日増しに増えている。請願に賛同する署名は1万人を突破した。議会が住民の意見を聴く「市民の聲（こえ）」事業でも定数削減を求める意見が目立つ。

〈成立は絶望的〉

削減議論を後押しするかのように亀山紘市長は2月定例会で、行政と住民が一体となって地域課題に取り組む「地域自治システム」の構築を表明した。議会の出番は、今後ますます少なくなりそうだ。

定数削減に理解を示す議員も現れた。今村正誼さん（62）は「削減幅が妥当かどうかは別として、削減は必要だ」と語り、自らのホームページで「まじめに議論しませんか」と呼び掛ける。

「本来なら、議員全員で時間を掛けて話し合うのが筋だが、今回は5月までに答えを出さなければならない」。議長の阿部仁州さん（66）にも焦りの色がにじむ。請願の審査は、やむなく議会運営委員会に付託された。

▲議員定数の削減を求め、各戸を回って行われた署名活動。依頼された住民の大半が気軽に応じた
＝2010年1月29日

◎大震災被害状況（2011年6月末現在）

死者	3132人
行方不明者	1012人
避難者数（ピーク時）	5万758人
浸水面積（住宅地・市街地の浸水率）	73平方キロ（46%）

その議運では、議会基本条例と議員政治倫理条例の策定作業が慌ただしく進む。ようやく各会派の意見集約を終えたが、素案に対する住民意見の募集が残っている。当初予定していた3月末の成立は絶望的だ。

〈深まらぬ理解〉

先進議会の視察や素案づくりを議会事務局に任せきりにしたため、議員の理解は深まらない。「自由討議は努力目標にとどめたらどうか」「議会報告会は必要ない」と、条例の理念を骨抜きにするかのような意見がいまだに飛び出す。

議員定数についても素案は、「行財政改革の視点および他市との比較」だけで決めてはいけないと、くぎを刺しているのだが…。

議員報酬などを盛り込んだ自治体予算の「議会費」は「民主主義のコスト」にほかならない。「これを削ることが本当に住民のためになるのか」と自問する阿部さん。「適正な議員定数は、議会の役割を一つ一つ精査することでしか導き出せない。そのための議会基本条例だったのに…」。いまさらながら、作業の遅れを悔やんだ。

6　議員定数（下）／審議拙速、本質素通り

岩手県花巻市

〈現状維持の34〉

議員定数は34か30か。花巻市議会が出した答えは現状維持の34だった。議会改革検討特別委員会が昨年12月に検討を始め、わずか3カ月のスピード審議で決着した。

6日にあった特別委員会の小委員会で方向が固まった。「合併して4年での削減は時期尚早」「財政規模が同程度の市に比べ議員の数が多い」。委員一人一人が見解を述べ、採決の結果、現状維持派が4対2で多数を占めた。10日の特別委員会で正式に決まった。

「多くの市民の声を受け止め、短期間だったが密度の濃い議論ができた」と小委員長の小田島邦弘さん（65）はほっとした表情で語った。

花　巻　市	
人　　口	約10万3600人
議員定数	34
議員報酬	33万9000円
政務調査費	2万円／月

1月中旬から議会基本条例素案と併せてパブリックコメント（住民意見）を募り、並行して市民との懇談会を市内11カ所で実施した。

〈進め方に批判〉

一般的な風潮と違い、定数削減を望む声はそれほど強くなかった。逆に「行財政改革の観点だけで考えるべきではない」と議会の機能を重視する意見さえあった。

ただ、論議の進め方には批判が相次いだ。

「定数の結論はほかの市でも2～3カ月で出すのか。やり方が乱暴だ」

「なぜ改選間際になって慌てて決めるのか」

政府が地方自治法を改正し、定数の上限を撤廃する方針を打ち出していたことから、「国会の動きを見極めてからでも遅くはない」との指摘もあった。

議会が決着を急いだ理由は、その自治法との兼ね合いだ。現在の市の人口は10万3600人。10万人を割ると議員定数の上限は30に減る。法律が改正されても、目安としてその数字は残る。10万人を超えているうちに新定数を決めておきたかったのだ。

〈仕切り直しを〉

実際に議員の一部から人口減少を見越して定数削減を求める声が出ていた。

「本当はもっと早く着手すべきだった。1年のブランクが反省点

花巻市議会の議員席。いすの数をめぐる議論は、議会の在り方と密接にかかわる

だ」。特別委の委員長、佐藤忠男さん（68）は結論は出ても、議論が深まらなかったことを残念がる。

佐藤さんは08年8月まで2年間議長を務めた。自ら呼び掛けて議会基本条例の調査研究を始め、定数も検討する予定だった。しかし慣例による議長交代でかなわなかった。その後、議論が停滞し、スタートが大幅にずれ込んだ。

とはいえ、市民には議会の内側は見えない。定数問題への関心が広がる前に、議会が急いで現状維持を決めてしまった。そう受け止めている市民は少なくない。

少数の専門職集団にするのか、多様性を重視し多くの市民が参加できるようにするのか。議員定数は議会の在り方を考える格好のテーマだ。

懇談会では市民から「改選後にあらためて話し合うべきだ」との声が上がった。議会内にも仕切り直しを求める意見がある。

スピード審議は課題を置き去りにした。

第6部 なびく、まどろむ

「異議なーし」の声が議場に響き渡る。執行部の提案がそのまま通る議会は一見、整然として好ましく映る。だが、住民にとって本当に望ましい形だろうか。第6部のテーマは「なびく、まどろむ」。べたなぎ状態の議会の裏側で、首長は隠然たる力で自由な討議を抑え込み、議会は追随することに安らぎすら見いだしている。いまだ改革の光は届かない。

（2010年4月5～10日掲載）

1　ノーチェック／役所の非常識、野放し

青森市

〈日用品も申請〉

役所の非常識を議会は見抜けなかった。

青森市が職員の家族旅行に公費を支出していたことが２００９年11月に発覚した。制度を始めた01年度から、市職員互助会に拠出する形で助成を続けていた。その額は確定した分だけでも計約６１８０万円（04～08年度）に上る。

市情報公開条例に基づいて河北新報社が入手した文書によると、旅行先では東京が多く、中でも家族で東京ディズニーランドに行き、上限の２万５０００円の助成を受けたケースが目立った。

自宅用とみられる豚しゃぶしゃぶ肉、野菜類のほか、洗顔料、おもちゃ

青　森　市

人　　口	約30万5300人
議員定数	41
議員報酬	63万3000円
政務調査費	9万円／月

といった日用品も旅行経費に含めたあつかましい申請もあった。

「過剰な福利厚生だ」

「市民感覚からかけ離れている」

問題が発覚すると、議会から批判が相次いだ。「家族旅行への助成なんてあり得ない。考えもしなかった」と語るのは議長の渋谷勲さん（59）。「知っていたら、すぐにやめさせていた」


〈内訳詳細なく〉


だが、互助会への公費支出を含む関連予算は、議会が毎年認めてきた。

03年度までは総務費の中の「交付金」として、04年度以降は「共済費」として計上された。予算説明書には総枠の金額だけが記載され、詳しい事業ごとの内訳はない。そのせいか議会で取り上げられたことはなく、ノーチェックのまま助成が続いてきた。

議員の赤木長義さん（48）は「あのとき、きちんと調べていたら」と残念そうに振り返る。スーツの支給など、大阪市職員の厚遇問題が04年に明るみに出た後、青森市の状況を確認したが、「そんなことはやってない」とかわされたという。

その記憶もあり、所属する公明党会派は今回、いち早く「過剰な福利厚生目的の公費支出の廃止」を市に訴えた。

赤木さんはさらに、同じことが起こらないようにするため、職員にも難解とされる予算書の改良を提起する。「もっと具体的な記載を増やしていくべきだ」

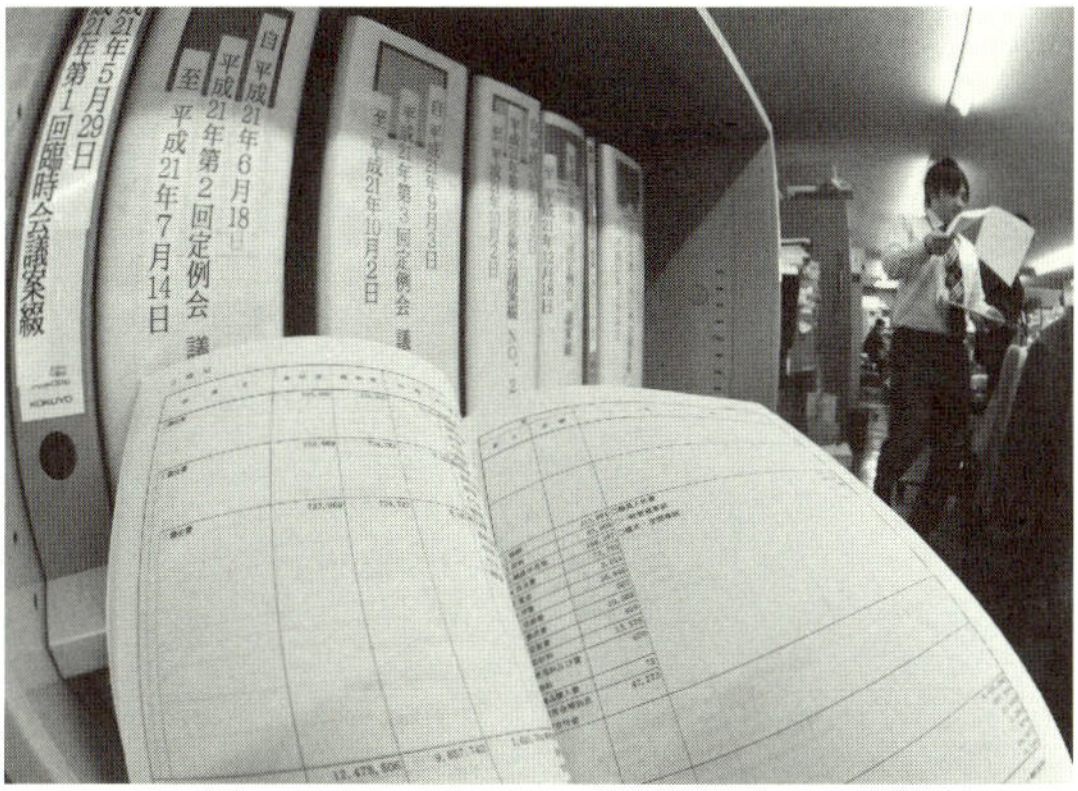

議会事務局に並ぶ青森市の予算関係書類。数字の羅列から不適正な支出をどう読み取るかが課題だ

〈欠けた緊張感〉

実際、予算関係書類を見直す動きは各地で起きている。東京都江東区は、予算本体や予算説明書を補う「予算ノート」を05年から毎年作り、議会の審議に生かしている。09年度版ノートはA４判、２４４ページ。縦割りの費目別ではなく事務事業別に予算額や事業概要、今後の方向性を一覧で記し、住民も理解できるよう工夫を凝らす。

「やはり議員の自覚が大事だ」と強調するのは、青森市民オンブズパーソン会長の河田喜代利さん（70）。５期20年務めた前市長の任期最終盤、市の不祥事が相次いだことと、家族旅行への助成の問題には、同じ背景があるとみている。

「長期政権下でオール与党化が進み、議会に緊張感が欠けていた。監視役として執行部から恐れられる議会に変身すべきだ」

予算の決定権は議会にある。重い権限を持つ議会の力が問われている。

2　癒着／「是々非々」言葉だけ

秋田市

〈飲食に3時間〉

「市民に疑念を抱かせるのではないか」。3月11日、秋田市議会の一般質問。1期目の倉田芳浩さん（49）が強い口調で問いただした。

批判の矛先は穂積志市長、そして同僚の議員たち。新年度当初予算案を審議する2月定例会を前に、最大会派「秋水会」（17人）と市の幹部が市内のホテルで懇親会を開いたのを問題視した。

執行部が予算案を説明した後、別室に移っての飲食は3時間に及んだ。他会派への予算案の説明は市役所内で済んでいただけに、両者の親密ぶりが際立った。

倉田さんは「懇親会がなぜ一つの会派だけなのか。密室で何を話し合っ

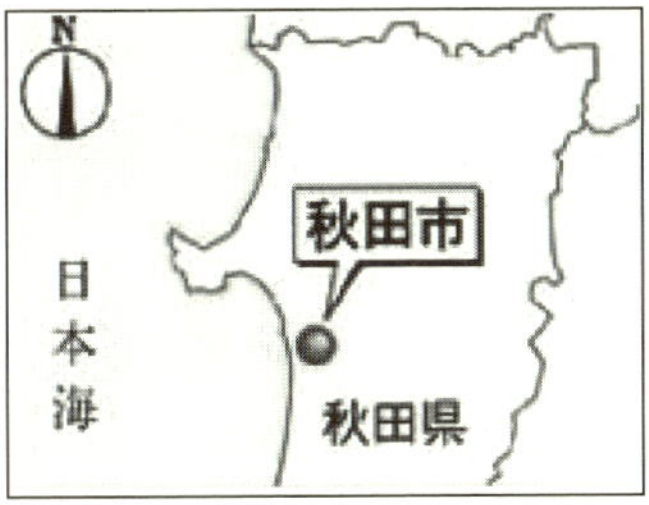

秋田市	
人口	約32万5500人
議員定数	42
議員報酬	62万5000円
政務調査費	10万円／月

たのか分からないが、軽率すぎる」と憤る。

だが、市長は「親睦《しんぼく》を深めるのが目的で、やましいことはない」と弁明。議員たちも「執行部とは是々非々の関係」と口をそろえ、批判をかわした。

〈そのまま可決〉

市中心部で飲食店を営む倉田さんは、07年4月の市議選で初当選した。住民を元気にしようと地域活動にも打ち込み、同世代の仲間に推された。

飛び込んだ議会は、所属する会派の人数と経験が物を言う世界。1人会派の新人には高い壁だった。「市政を変えるには、まず議会改革が必要だと痛感した」と話す。

正副議長や各常任委員長、議会運営委員長など主要ポストは人数の多い会派が独占する。小さな会派は議運での発言が認められない。長年の慣習だが、倉田さんは「議員が自由に意見交換できないのはおかしい」と感じている。

議長の加賀谷正美さん（63）は「1人でも一般質問や質疑など、発言の機会はある。それを生かせばいい」と言う。だが、倉田さんの発言がどうあれ、最大会派は執行部提出の議案をほとんどそのまま可決する。

〈「議論足りぬ」〉

「議会の底流にあるのは執行部と最大会派のなれ合いだ」。5期目の佐原孝夫さん（67）は言い切る。かつて秋水会の前身会派に約10年間所属した。信念を貫い

市中心部で再開発事業が始まる。議会はゴーサインを出したが、市民の間には先行きを危ぶむ声が渦巻く＝秋田市中通

て議案に反対し、会派から締め出された経験がある。

「委員会で議案に反対するようなことを言っても、本会議では全員で賛成に回る。最大会派の『是々非々の関係』は、言葉だけだ」と指摘する。

2月定例会でもそれがあった。秋田県と市がともに多額の予算を計上した秋田市中心市街地再開発事業。県議会は「事業に疑問点が多い」として会期を大幅延長し、あらためて参考人招致を行った。最終的には執行部提案を承認したものの、行政監視の姿勢を示した。

一方の市議会。市が取得する予定の施設の集客効果など事業の先行きを問う声は少なくなかったが、予算案は本会議ですんなり可決された。

「多額の債務を負う可能性があるのに議論が少なすぎる。執行部と議会のなれ合いの末、財政が破綻《はたん》した北海道夕張市の二の舞になりかねない」。倉田さんと佐原さんは同じ心配をしている。

3　密室／傍聴不許可、当たり前

青森県弘前市

〈住民閉め出す〉

弘前市民にとっては、まさに春の「珍事」だった。

弘前市議会の3月定例会で、予算特別委員会の傍聴が認められたのだ。「20年議員をしているが、こんなことは初めて」。許可を出した委員長の藤田隆司さん（58）自身が驚いていた。

会議を原則公開する議会が増えているとはいえ、いまだに傍聴に許可が必要な議会は多い。だが、傍聴不許可を当たり前にしている議会は、まれだ。

議員全員で構成する予算特別委員会は、傍聴席が常備された本会議場で行っているにもかかわらず「傍聴人がいると自由な討議が妨げられる」と

弘　前　市	
人　口	約18万2700人
議員定数	34
議員報酬	53万円
政務調査費	なし

いる。

閉ざされてきた。常任委員会も「傍聴席を設けるスペースがない」として住民を閉め出して

〈進歩的と強弁〉

「簡単に言ってしまえば長年の慣習」（藤田さん）だった非公開。今回に限って公開した経緯はこうだ。

市生活福祉課の職員が、市民から預かった生活保護費の返還金数百万円を着服する不祥事が発覚。返還手続きの済んでいない現金の保管そのものが地方自治法に抵触する上、職員同士で募金して穴埋めし、長く隠ぺいしていた事実まで明らかになった。

市民団体が公開の場での真相究明を求め、議会も受け入れざるを得なかった。

住民に結果だけを伝える密室審議は、代々の執行部にとっても好都合だった。３月まで市総務部長を務めた成田雅幸さん（60）は「非公開が問題だなんて考えたこともない」と意に介さない。

「むしろ、議員全員で審議するうちの議会は進んでいる。青森市議会などは一部の議員だけで予算の審議をしている」と強弁する成田さん。市総務部長が、分科会ごとに手分けして予算を審査する方式が一般的であることを、知らないはずはない。

〈沈黙したまま〉

４月に市長選を控えた定例会に執行部は、本格編成の新年度予算

職員も議場に入れずロビーで待機。スピーカーから流れるやりとりに耳を傾け、審議の様子をうかがう＝２０１０年３月16日、弘前市議会

案を提出した。

民意によっては首長交代もあり得る。通常なら必要最小限の経費のみを計上した骨格予算案を提出し、選挙後にあらためて編成し直すのだが、市長は「市政に空白が生じるのはよくない」と押し通した。議会にも異論はほとんどなかった。

一般質問では、市長の政治姿勢を尋ねた議員に企画部長が代わって答弁した。「議会軽視」と反発されそうな場面だが、やはり議会は沈黙したままだった。

議会の在り方を問い続けてきた議員の斉藤爾《ちかし》さん（39）は「執行部提案を修正しようとしても、情報が議会事務局から筒抜けになってつぶされる。改革が進む議会のように議員と事務局がタッグを組むことすらできない」と嘆く。

長年、議会を侮ってきた執行部と、その支配を無批判に受け入れてきた議会。住民は徹底的に遠ざけられる。生活保護費返還金をめぐる不祥事は、たまたまばれただけだった。

4　同調／給食、市長に右ならえ

山形県寒河江市

〈請願不採択に〉

日本の学校給食は120年前、山形県で始まったとされる。その県内で唯一、中学校給食を実施していなかった寒河江市の教育委員会は2月、11年度に主食とおかず、牛乳のそろった完全給食を始めることを決めた。

従来は牛乳だけの給食で、生徒は弁当持参が基本だった。給食実施を求めて、市民団体が長年要望活動を続けてきた。

2児の母親で、「中学校給食をすすめる会」事務局長の山本康江さん(46)は「働く母親は弁当を作るだけで精いっぱい。成長期の子どもへの栄養バランスを考えれば、給食は必要と訴えてきた」と振り返る。

すすめる会は03年、住民の3分の1、約1万5000人分の署名を添え

寒河江市

人　口	4万3000人
議員定数	18
議員報酬	36万円
政務調査費	1万5000円／月

て、市議会に請願書を提出。議員全員にも公開質問状を送った。

当時の市長は「食は家庭の責任」が持論。議会でも「弁当作りが大変だから行政に任せようというのではなく、家庭が担うべき役割を考えなくてはいけない」と答弁し、暗に同調を求めた。

市民の要求を重く受け止めた議員もいたが、議会は市長発言に寄り沿うように動いた。請願の扱いを審議した常任委員会では「弁当作りを通じて親子のきずなが育つ」「今の母親は食について不勉強。請願は甘えだ」と否定的な意見が相次ぎ、結局、請願は不採択となった。

〈反対の声出ず〉

6期24年間務めた前市長が引退すると、状況は一変する。

新人同士の一騎打ちとなった08年12月の市長選では、両候補とも給食実施を公約に掲げた。かつての反対派も含め、議員の多くは当選した佐藤洋樹市長を支持。佐藤市長が市教委に給食実施に向けた検討を要請し、実現が決まった。議会から反対の声は出なかった。

「市長が代わった途端、反対だった議員も賛成となった。『首長を擁護するのが役目』と勘違いしている議員が多い」。91年の初当選以来、給食実施を訴えてきた議員の佐藤暘子さん（69）は、同僚議員の態度を批判する。

反対派だった議長の高橋勝文さん（63）はスタンスを変えた理由を「環境の変化」と説明する。「子どもの食にかかわれるのは親の権利、と考えていた。だが、急激に少子化が進む中、子育て支援のため給食実施は時代の流れとなった」

建築家故黒川紀章氏が設計した寒河江市役所。議場が1階にあり、市民ホールや執行部の部屋を支える構造だ

〈ニーズに鈍感〉

とはいえ、議会が住民ニーズに鈍感だったことは明らかだ。議員の川越孝男さん（62）は、議会に向けられる住民の目を気にする。「市長の意向に沿うだけの議会なら、何のための存在なのだと思われかねない」

すすめる会のメンバーでよく議会を傍聴する宇野峰子さん（67）は、議会の変化を前向きに評価した。「住民の活動が給食実施を市長選の争点にまで押し上げるのを目の当たりにし、議会は変わらざるを得なかったのだと思う」

その上で「これからは住民の目線で執行部に意見をぶつけられる存在になってほしい」と願った。

5　一般質問／「一問一答」手付かず

宮城県白石市

〈窮屈なルール〉

2月上旬、白石市議会で議員研修会があった。「議会の役割は政策決定と行政監視」「議会には議決権などの権限があります」。議員なら知っていて当然の説明が続く。

「うちの議員さんは半数の10人が1年生。基礎の基礎から勉強する必要がある」。議会事務局は「新人研修」の狙いをこう説明する。ただ、先の市議選からは既に3年がたっていた。

全国市議会議長会から派遣された講師は、締めくくりに「最近は一般質問に一問一答方式を導入する議会も増えているようですよ」とアドバイスした。議会の内実を見透かしたような口ぶりだった。

白石市	
人口	約3万8100人
議員定数	21
議員報酬	35万1975円
政務調査費	5000円／月

市の事務に関することなら何でも聞ける一般質問は議員の力量が問われる。じっくり内容を掘り下げていく一問一答方式ならなおさらだ。が、白石市議会は「持ち時間30分で質問は３回まで」という旧来の窮屈なルールを採用してきた。

〈「なじまない」〉

先の市議選前に一問一答方式の導入を検討したこともあるが、このときは一部議員の反対で見送りとなった。当時の報告書には「（改選後に）新議員で検討する」とあったのだが、思い出す議員はいなかった。

▲議員有志が開いた議会報告会。参加した住民から厳しい注文が相次いだ＝２００９年12月５日、白石市中央公民館

昨年の12月定例会では、市長の答弁漏れを聞き直しているうちに質問回数を使い果たす議員がいた。苦肉の策なのか別の議員は、２月定例会で「前定例会の続き」と前置きして質問を繰り出した。

素っ気ない市長答弁と相まって会議録は年を追うごとに薄くなる。それでも議長の佐藤英雄さん（61）は「一般質問に一問一答方式はなじまない気がする」と動かない。

〈まるで人ごと〉

深まらない質疑応答に多くの議員が歯ぎしりしているかと言えば、そうでもないようだ。

議会の最長老と新人2人でつくる会派「一心会」。当選7回の鈴木康弘さん（71）は「議場で聞かなくても、市長とはいつでも話をしている」と語り、今任期中、質問に立つつもりはない。

「質問の機会は新人に譲りたい」とする鈴木さんだが、同じ会派の志村新一郎さん（58）が登壇したのは3年間で1回だけ。「大抵の疑問は各課に問い合わせれば済む」と言う。執行部と真っ正面から議論しようとは思わないようだ。

もう一人の会派メンバー、安斎多実男さん（48）は「せめて一問一答方式を導入してくれるとありがたいのだけど…」。導入するもしないも、決めるのは議会なのだが、まるで人ごとだ。

不自由なルールを改めることすらできない無気力議会に危機感を持つ議員有志が昨年12月、議会報告会を始めた。同僚議員にも呼び掛けたが、参加は4人にとどまっている。

初回の報告会には、住民約20人が足を運んだ。案の定「議会は何をしているんだ」と厳しい声が飛んだ。2月の報告会は50人近い住民が詰めかけた。やはり議会の怠慢を責めた。4人の議員だけが、住民の鋭いまなざしに身を縮めていた。

6　流用／問題予算、最後は追従

盛岡市

〈ヨン様現れず〉

執行部にないがしろにされれば議会は怒る。しかし、「原案通り可決」の結論が変わることはない。

09年8月1日、盛岡市の岩山漆芸美術館がリニューアルオープンした。韓国のスターで名誉館長に就いたペ・ヨンジュンさんの作品が展示の目玉。「会えるかもしれない」という期待から、ファンの女性たちが列をなした。

施設は市が所有し、NPO法人が運営していたが、08年11月にいったん閉館。その後、漆芸ファンで同館を訪れたこともある「ヨン様」の人気で再起を図ろうと準備を進めた。市も施設を修繕するなど後押しした。

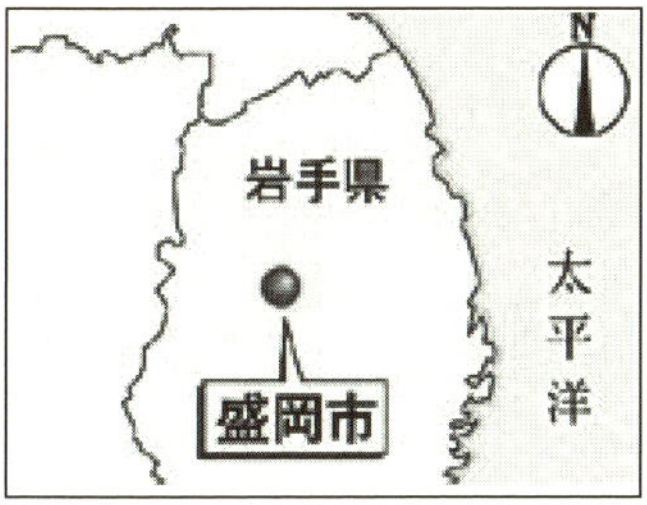

盛　岡　市	
人　　口	29万2400人
議員定数	42
議員報酬	61万7000円
政務調査費	5万円／月

だが、スターが姿を見せることはなかった。客足は低迷し、4カ月でまた閉館した。

直後の12月定例市議会は紛糾し、市議から執行部批判の声が相次いだ。美術館の修繕費など1050万円を執行部が議会に諮らずにほかの予算から流用していたからだ。流用は法律では認められているが、通常は緊急の支出に限られている。

当初から予算流用を問題視していた刈屋秀俊さん（56）は「予算を使う前に議会のチェックを受けるのは地方自治の鉄則。議決を経ないで予算を流用したのは議会無視だ」とかみついた。

ほかの議員も「有名人を当てにしたばくちのような手法は行政としておかしい」と追及した。

〈否決は大ごと〉

谷藤裕明市長ら執行部は「ヨン様効果に期待しなかったかと言えばそうでもない」と見通しの甘さを認めたが、「流用は認められた手法」と正当性は譲らなかった。

市民から反発の声が上がり、議会は対決姿勢を強めた。しかし、流用した予算を穴埋めするための補正予算案を審査した常任委員会では結局、1人を除いてすべての議員が賛成した。議長の佐藤栄一さん（54）は「問題は多いが、否決となると大ごとだ」と議員の本音を代弁する。

委員会はさらに、執行部に反省と信頼回復を求める付帯決議案も否決。振り上げた拳はど

いっとき「ヨン様」ブームに沸いた後、閉館した岩山漆芸美術館。4月以降の施設の活用策は決まっていない

こかに飛んでいってしまった。

議員の伊勢志穂さん（47）は「最後は必ず執行部案を通すのがこの議会のやり方。否決はもちろん、対案を出すこともない」と自嘲《じちょう》気味に話す。

〈住民蚊帳の外〉

議会は執行部には配慮するのに、住民の声は聞こうとしない。

3月定例会最終日の3月26日、議会は議員定数を42から38にする条例改正案を賛成多数で可決した。今秋の国勢調査で人口が30万を切ることが確実なため、一足先に法定上限に合わせた。

伊勢さんら一部議員は「市民に意見を聞くべきだ」と主張したが、多くの議員は面倒な議論を避けたいのか、必要性を認めなかった。

市役所3階の議会傍聴席は建物の構造上、裏口に面した階段からしか入れない。1階のエレベーターから直通の入り口を使えるのは、議員と執行部だけだ。住民に背を向ける議会を象徴しているように見える。

対談
議会改革の処方せん

第6部は、首長が議会を意のままにコントロールし、議会も支配されることに甘んじている実態をルポした。議会と首長は、ぬるま湯を脱して二元代表制を機能させられるのか。自治の現場を知り尽くす前千葉県我孫子市長で中央学院大教授の福嶋浩彦さん（53）と、前北海道栗山町議会事務局長で東京財団研究員の中尾修さん（61）に、豊富なエピソードを交えて改革の処方せんを話し合ってもらった。

◎首長の本音

〈否決なし異常〉

福嶋　多くの首長には、提出した議案を議会に修正されたり否決されたりするのを極度に恐れる傾向がある。「否定されたくない」のは当たり前だが、議案がすべて通るのなら議会はいらない。何年も修正や否決がない方が異常だ。

首長が議会ともめないことを最優先にしているのは「これだけはやり遂げたい」という意欲がなく、単に「首長で居続けたい」という願望だけの行動様式だ。

中尾　「やり遂げたいことが何もない。でも、今の地位だけは守りたい」というのは議員も同じ。議案を可決しても否決しても、その理由を明確に説明しなければならない責任があるはずなのに、残念ながら多くの議会が当然の責務を怠っている。

福嶋　私の提出議案を議会が否決したとき「市長は否決の責任を議会に転嫁するな」と言った議員がいた。否決したのは紛れもなく議会。住民に対して責任がある。自分たちが予算や条例を決定しているという自覚が議会に欠けている。

中尾　政策提案は首長の仕事、議員は問題点を指摘するだけと、役割を固定化してしまった議会も多い。議会本来の役割を果たしていないのに、選挙のときだけもっともらしい公約を言うから「議会不要論」がささやかれてしまう。

福嶋　私は議会に与党・野党を一切つくらず、議会への根回しもせず、すべて住民の見ている前で議会と議論した。その結果、議案の否決も多くなったが、客観的に見れば議会が健全に機能したと言える。

首長と多数派の「与党」議員が水面下の談合で決めてしまうと、正式な議会ではだんだん「野党」議員しか質問しなくなる。そうすると審議では反対意見ばかりが出ているのに、採決では賛成多数で原案可決となる。住民から見て非常に分かりにくい。

〈改革と無関係〉

中尾　政府は、議会改革と称して議員を副首長などに政治任用する自治体「内閣制」の導入を言い出した。こういう提案がされるのは、議会が住民から信頼を得ていない証しだろう。民主党政権も「地方議会はあまり当てにならない」と見ているようだ。

福嶋　首長にとっては実に都合のいい制度と言えそうだ。優秀な議員やうるさ型議員を引き抜いて部下にしてしまえば、議会を制御しやすくなる。何よりも、栗山町議会のようにしっかり住民と結び付いた議会が必要だ。改革から逃げて、制度の議論にすり替えてもらっては困る。

中尾　首長の権限が強化されるだけで、議会改革とは無関係な制度ではないか。むしろ懸念するのは「国による議論の流れを見極めても遅くはない」と理屈を付けて改革を先延ばしにする議会が早くも現れていることだ。

「議会改革には首長とのなれ合い排除が不可欠」と語る福嶋さん（右）と中尾さん＝東京・赤坂の東京財団

◎脱「首長追従」

〈人事、首長握る〉

中尾　私が議会事務局長に就いたのは01年4月。橋場利勝議長から呼び出されて突然、内示を受けた。「町長は了承したんですか」と聞いたら「いや、これは議長の権限だ」と言う。「任免権は自分にある」という議長の強い思いを感じた瞬間だった。

事務局員の人事権は議長に与えられていることになっているが、実際には首長が握っている。議員をサポートして議会と一緒に執行部と対峙《たいじ》するというのが建前だが、議会が全体として本気にならなければ事務局員も腰がひけてしまう。

福嶋　意思決定機関としての役割を果たして、首長提案をより良く修正したり、独自の条例案をつくったりする議会なら、首長も喜んで優秀な職員を送り出さなければいけない。しかし、わがまま勝手な議員のお守役だけなら、ばかばかしくて優秀な職員を送れない。

中尾　議長の短期交代制を採っている議会では、事務局員の身分も不安定にならざるを得ない。いずれ首長部局に戻ることを思えば、首長の「回し者」「スパイ」とやゆされる存在

〈なかお・おさむ〉
東京財団研究員。２００９年３月まで北海道栗山町の議会事務局長を務め、橋場利勝議長とともに議会改革を主導。全国初の議会基本条例の策定に携わった。１９４９年、栗山町生まれ。

になってしまうのも致し方ない。

〈丸ごと手先化〉

福嶋　事務局を「首長の手先さ」と疑うなら、まだいい。首長となれ合っている議会では、議会が丸ごと首長の手先になっているのだから。

中尾　議会と首長の関係を、よく「車の両輪」に例えるが、その実態は「首長追従型議会」でしかない。首長との緊張関係を維持するには、むしろ議会と議会事務局が「チーム議会」として機能することの方が大事だ。

そのためには議会をサポートする議会事務局の充実が必須。とりわけ事務局長には「住民のために働くのだ」という強い覚悟が求められる。議会が職員を独自採用する仕組みも考えなければならない。

福嶋　その通りだと思う。近隣の議会が共同して事務局職員を採用し、広域で異動するようにしてはどうか。そして議会の力を高め、首長と車の両輪と言うより、首長が進む方向に待ったをかけるブレーキや、進む方向を決めるハンドルにならなければいけない。

ところで議会は、自らの運営予算である議会費について、予算審議の中では「議会運営委員会で十分に審査したので省略します」というのが慣例。多くの議会では本当に十分な審議をしたのか疑わしく、議会運営委員会の議事録を見ても分からない。

中尾　栗山町議会が06年に全国で初めて制定した議会基本条例は、

〈ふくしま・ひろひこ〉
中央学院大教授。千葉県我孫子市で議員3期、市長3期を歴任。政府の行政刷新会議が昨年11月に実施した事業仕分けでは民間評価者（仕分け人）を務めた。1956年、鳥取県生まれ。

内向きだった議会運営のルールを改め、情報の公開と共有、住民参加を打ち出して「議会はこう変わります」と住民に宣言する取り組みだった。

議会費も議会報告会で説明し、政務調査費の使い道も報告している。議会活動を住民に見えるようにして信頼関係を構築した。

◎住民とともに

〈筋違いの批判〉

中尾　栗山町議会は、財政に強くなろうと町の中長期財政分析に取り組む中で議員報酬や委員会の視察費用を削減した。議会の自主判断で「やめるものはやめる、減らすものは減らす」という姿勢を貫いてきた自負がある。

福嶋　自ら律することができるのは、住民参加の手法を取り入れている議会だろう。多くの議会は密室で勝手に決めている。

中尾　町の存亡を賭けた合併問題では、13人の議員全員で議論を尽くしても、議決責任が将来にわたって問われ続けるのだと考えると「本当に自分たちだけで決めてしまっていいのか」と悩む場面があった。

そこで合併のような重いテーマでは住民投票が必要と判断して議会基本条例を修正し、住民投票のルールを明文化した。議会基本条例を制定した議会は既に１００を超えたが、住民投票条項を入れているのは栗山町議会だけだろう。

福嶋　住民投票は「代表機関であるわれわれの存在を否定する」と筋違いの批判をしている議会が多い中、自ら明文化した点がすごい。「地方自治は直接民主制をベースにした間接民主制」という基本を理解した判断だ。

地方自治では、国政と違って住民が議会を解散させたり、首長を解職したりできる。条例の制定改廃も住民が直接請求できる。自治の土台は直接民主制なのに、この点が理解されていない。住民参加を「議会軽視だ」と言い出す議員もいる。

〈意見陳述促せ〉

中尾　東京財団政策研究部は「議員間の自由討議」とともに「住民に対する議会報告会の開催」と「請願・陳情者の議会での意見陳述」を議会基本条例の必須要件に挙げている。議会が住民の信頼を獲得するには住民生活の場に自ら出向いて耳を傾けることが不可欠。自治体の意思を決める場である議会に住民の参加を促し、意見陳述してもらわなければならない。

福嶋「首長は議会よりも圧倒的に多くの情報を持っているから強い」と言う人がいるが、これはうそ。首長に集まってくるのは、しょせん役所内でペーパー化された情報でしかない。自治体が政策を決める上で本当に必要な情報は、実は役所の中にはない。一番大事な情報は、住民の実態であり、思いであり、不満や要求だ。これらは、選挙で選ばれた者が何十人もいる議会の方が、本来、はるかに広く深く集められる。

中尾　住民と結び付いて初めて議会は、首長と対等な立場に立てる。住民も議会を使いこなすことが地域社会の自治を実現する確かな道筋であると気付いてほしい。

第7部 かすむ、みがく

住民自治のお手本とされてきた北海道の町から2010年春、「協働」の文字が消えた。町長は「言葉の使われ方に違和感がある」と語る。こうした重い問い掛けを顧みることもなく、東北各地で住民と行政による協働のまちづくりが花盛りだ。第7部のテーマは「かすむ、みがく」。住民と手を結ぼうとする執行部。自ら立ち上がる住民たち。そのとき議会は―。

（2010年4月28日～5月1日掲載）

1 対抗／官民「協働」に戸惑い

宮城県東松島市

〈市が予算説明〉

「おれは行かないよ」。議長の佐藤富夫さん（69）は、そう言ってそっぽを向いた。

5年前に2町の合併でできた東松島市。初の試みとして住民向けの本年度予算説明会が、市内8カ所の市民センターを巡回して開かれた。

「予算を決めた議会が、住民と一緒に市の説明を聞くなんておかしい」と佐藤さん。「議会の中には予算案に異論もあった。そういった事情も含め、本当は議会が住民に説明すべきだった」と自らに言い聞かせた。

佐藤さんの地元大曲地区での説明会には、議員数人を含む住民約40人が足を運んだ。地域住民でつくる自治協議会が主催したという体裁だが、実際には市主導だった。

東松島市	
人　　口	約4万3300人
議員定数	22
議員報酬	34万9000円
政務調査費	1万円／月

〈「検証が役割」〉

市は1年前、市域を8地区に分けて協議会を設置した。市民センターの管理も協議会に一任。各協議会は市からの交付金を原資に公園清掃や防犯活動、生涯学習を自主事業として展開する。「協働のまちづくり」だ。

3月末にあった大曲地区協議会の総会。地区人口は7000人を超えるが、一般住民の出席は6人にとどまった。「協働が浸透しているとは言い難い」とため息をつく協議会役員は多い。

佐藤さんも「役員になった人だけが責任を押しつけられ、へとへとになっている」と指摘し、「協働の実態を検証するのが、いま議会に求められている役割かもしれない」と考えている。

▲市長による本年度予算の説明会。住民に伝える責務を負うのは首長か、それとも議会か＝2010年4月6日、東松島市の大曲市民センター

河北新報社が東松島市議会を対象に行ったアンケートでは、市が推し進める協働のまちづくりに組み込まれた住民との距離感に揺れる議員の姿が浮かび上がった。

「協働によって住民の目が市政に向けられるようになった」と感じる議員もいれば、「住民が議会を軽視するのは問題だ」という声もある。ある議員は「協働のまちづくりに、まだまだ議会のかかわりが少

◎大震災被害状況（2011年6月末現在）

死者	1040人
行方不明者	126人
避難者数（ピーク時）	1万4889人
浸水面積（住宅地・市街地の浸水率）	37平方キロ（65％）

ない」と悩む。

〈対等に違和感〉

市長の阿部秀保さん（55）は「職員を35人削減できた。浮いた経費は各協議会に還元したい」と成果を強調し、「これからは、住民と行政が対等な立場で課題を乗り越えていく」と理念を説く。

「協働のまちづくり」は、北海道ニセコ町が2000年に全国初の「まちづくり（自治）基本条例」を制定して一気に広がった。

そのニセコ町が今春、条例から「協働」の文字を削除した。片山健也町長が語る。

「『協働』が住民と行政の対等なパートナーシップという意味で使われるのには違和感がある。主権者である住民と、住民の意思に基づいて働く役場が対等なはずがない。役場は住民に責任を転嫁するために協働を言い訳にしてはいけない」

「地域のことは住民に任せ、議会は市全体の課題に向き合ってほしい」と問う市長。その〝挑発〟を受け止めて「住民の信頼」を柱にした議会基本条例を練る議会。住民にとって協働のパートナーにふさわしいのは、どちらなのだろうか。

2　傍観／手作り振興策、人ごと

青森県階上町

〈理想郷へ動く〉

山あいの小さな集落の取り組みが、町のモデルになった。

青森県階上町の田代行政区は、階上岳のふもとに約90戸が点在する中山間地。２０００年度、「理想郷タシロピアの実現をめざして」と銘打ち、住民が5カ年の地区振興計画を手作りした。

地区で養豚業を営み、町議会副議長も務める土橋信夫さん（62）は「何もしなければ過疎が進むばかり。計画づくりを通して、活性化への地域の

青森県階上町	
人　　口	約１万4700人
議員定数	14
議員報酬	22万6000円
政務調査費	なし

合意形成を目指した」と話す。

計画に基づき、地区は動いた。交流人口の増加を目指し、遊歩道を整備して花を植えた。農産物など地区の資源を生かそうと農産物直売所を設け、イベントを開いた。すべて住民が主体。費用は国の中山間地直接支払い交付金の一部を各世帯が出し合った。

八戸市など周辺自治体との合併が破綻《はたん》し自立を迫られた町にとって、田代行政区の取り組みは大きなヒントになった。

〈町と住民先行〉

町は06年度、住民と行政のパートナーシップ構築を柱とする「協働のまちづくり条例」を制定した。

町民を交えた会議で練られた条例には「行政区などを中心に中・長期的な計画を策定しなければならない」とある。町内全19行政区に、田代行政区のような地区計画づくりを迫っていた。

町は全行政区に担当職員を張り付け、計画づくりを後押しした。町長の浜谷豊美さん（53）は「住民が話し合って計画をつくることで連帯感が生まれるし、地域の特色を生かした将来像も共有できる」と胸を張る。

だが、昔からの農山漁村から八戸市のベッドタウンとして急速に開発が進んだ新興住宅地まで、同じ町内でも地域事情や住民の関係はさまざま。地区計画に対する意識の濃淡もあり、策定義務付けは行政の押しつけになる危うさもはらむ。

田代行政区の住民が運営する農産物直売所「ばばちゃの店」。住民同士の交流の場でもある

町の協働施策推進にオブザーバーとしてかかわる八戸大教授の前山総一郎さん（50）は「協働は官民が力を出し合う手法で、住民がやる気になることが大切。そのためには行政と住民の信頼関係が大前提だ」と話す。

〈検証せず批判〉

町主導の協働が進む一方で、議会の存在感は薄い。

議会はまちづくり条例案を全会一致で可決した。だが、ほとんどの議員は各地区のまちづくりに関与していない。策定義務付けを「やり過ぎではないか」「中身のある計画をつくれるのか」と批判する声は漏れるが、具体的に検証する動きもない。

田代行政区の地域おこしを引っ張ってきた土橋さんは「直接まちづくりにかかわらなければ、協働のメリットも地域の課題も見えてこない」と、同僚議員たちの反応の鈍さをもどかしく思う。

住民が自発的に動かなければ、地域に活気は生まれない。自分の経験からそう考える土橋さんは「田代がより元気になることで、他の地域や議員の刺激になればいい」と願っている。

3 パイプ／よき相談相手へ一歩

福島県飯舘村

〈直売所を企画〉

議長の佐藤長平さん（59）は議会の弱点をよく知っていた。「住民とのパイプが何もない」

阿武隈高地北部にある福島県飯舘村。行政への住民参加に早くから力を入れてきた「協働」のトップランナーだ。議会は対応が遅れた。

春の光が差し込んだ4月10日、その飯舘村の前田地区にある直売所「ふれあい茶屋」に住民約20人が集まった。今季の開店に備えるためだ。掃除が一段落し、女性リーダーの快活な声が響いた。「あすから営業です。うちにある野菜、どんどん出してね」

山菜、キノコ類を販売する茶屋ができたのは10年前。前田行政区が企画を練り、住民総出で丸太を積み上げてつくった。費用負担は村。協働によ

福島県飯舘村	
人　　口	約6100人
議員定数	12
議員報酬	20万2500円
政務調査費	なし

る地域づくり事業だ。

ほかにも、荒れ放題だった牛の放牧地を観光わらび園に整備したり、水力による精米装置「バンカリ」を復元したりした。

〈ただ模様眺め〉

村が本格的に協働を打ち出したのは、94年策定の第4次総合振興計画（95―04年度）。村内に20ある行政区に地域計画の作成を呼び掛け、計画に沿う事業の提案を募った。各行政区に10年間で最大1000万円を交付し、アイデアの具体化を支援した。

「地域のことは地域で」の取り組みがスタートして15年。田植え踊りの復活や美化運動の推進といった事業が実り、住民参加の村づくりは第5次計画（05―14年度）に受け継がれた。

執行部と住民の結びつきが強まるのを、議員は一歩引いて眺めてきた。「行政区と村が決めた協働の事業には口を挟みづらい」「〝動員〟に近い協働もあり、疲れている住民もいる」と冷ややかな見方もあった。

〈出向いて懇談〉

一方で「このままでは自分たちの存在が問われる」と危機感を募らせる議員も増えている。

議長の佐藤さんもその1人だ。「住民との接点がなければ、質疑や政策提言に説得力を欠く」と強調する。議会は本年度、村内各地に出向いて住民と語り合

地元直売所の掃除に集まった前田地区の住民たち。作業を終え、「さあ一服して」＝2010年4月10日

う「村民懇談会」を始めることにした。

開催は5月下旬以降を予定している。「地域に入り、住民ニーズを把握するのが大事だ」と議会運営委員長の大谷友孝さん（59）。「議会への住民参加を増やし、民意を生かすルートをつくりたい」と意欲的だ。

前田地区の地域づくりは、3月まで行政区長だった斎藤政行さん（63）がリードしてきた。「何もしないと地域がばらばらになる」という思いが原動力だったという。

人口が流出し、一人暮らしのお年寄りは増える。「孤立を防ぐためにも住民のきずなを強めたかった」と斎藤さん。「きめ細かな地域づくりは行政には無理。住民自身の仕事だ」と強調する。

議員経験があり、助役も務めた斎藤さんは議会への思いをこう語った。「地域の思いをくみ上げ、住民の良き相談相手になってほしい」

4　連なり／住民の熱意、自覚促す

岩手県西和賀町

〈将来像を模索〉

4月に入っても野山に厚く雪が残る町で、熱い議論が交わされていた。「西和賀の特徴と言えば雪と温泉。両方を生かしたい」「きちんと働けて、余暇も過ごせる町にしたい」。8日夜、岩手県西和賀町の役場庁舎に20代から60代までの住民15人ほどが集まり、町の魅力や課題について意見を出し合った。

「まちづくり基本条例をつくる会」。目標とする町の将来像を描き、その実現に向けて住民、行政、議会それぞれが果たすべき役割を定めようとしている。

町職員や議員も名を連ねるが、中心は住民だ。07年から自主的に勉強会

岩手県西和賀町	
人口	約7000人
議員定数	16
議員報酬	18万1000円
政務調査費	なし

や対話集会を重ねて、09年5月に会を設立。月1、2回のペースで話し合いを続けている。「家業を継いでこの町で生きていこうと決めたが、先行きが全く見通せない。これからどうしていけばいいのか、住民が目指す方向性を共有しなければならない」。会の代表を務める建設業の高橋浩幸さん（44）は、地域の将来に対する不安を率直に語る。

〈若者も危機感〉

温泉を併設する駅で知られた旧湯田町と、全国に先駆けて乳幼児と高齢者の医療費を無料化するなど手厚い医療福祉行政を実現した旧沢内村。西和賀町は05年、両町村が合併して誕生した。しかし産業が少なく、人口流出は止まらない。

合併しても目に見えた効果は出ていない。「先輩たちが必死でつくってきた地域を廃れさせたくない」――。誇りと危機感が若い世代をも動かした。

メンバーで建設業の淀川豊さん（43）は「活性化のために自分たちがやるべきことを明確にしようと思った。皆で力を出し合えるようになりたい」と意気込む。

行政ではなく住民が主導するのは、「先進地のまねではない、西和賀ならではの条例をつくりたい」（高橋さん）と過程を重視するからだ。その分、歩みは遅いが、話し合いで再確認できた地域の魅力も少なくないという。ほぼ1年後、11年3月の制定を目指す。

〈刺激受け議論〉

まちづくり基本条例をつくる会の全体会。町の魅力や課題についての意見を書き出し、共有を図る

住民の熱意に、議会も刺激を受けている。

議会は08年５月、議会改革推進委員会を設立。議員定数や報酬の在り方について検討し、定数４削減を決めた。議会基本条例の制定に向け、月１回議論を重ねる。

議員が手分けして全31行政区を回り、「住民の声を聴く会」を開き、ＰＴＡや農業団体など各種団体との話し合いも始めた。

まちづくり基本条例をつくる会には、改革推進委の正副委員長２人がメンバーに加わる。副委員長の高橋雅一さん（58）は「議会は住民のための存在。町の施策やまちづくりに関する情報とともに、施策に対する自身の考えを説明する責任がある。その上で住民の声を聞き、相互交流を進めたい」と思いを語る。

地域の将来に向けた話し合いは参加者の自覚を生み、住民、行政、議会の切磋琢磨《せっさたくま》を促している。

5　旗振り役／将来像先導、増す信頼

福島県会津美里町

〈協働呼び掛け〉

ジャージー姿の男性もいれば、セーターを着た女性もいる。福島県会津美里町の町民検討会議。4月11日、普段着の住民たち約20人が町の将来を話し合った。「『自然環境の保全』も『子ども教育の充実』も大事。絞りきれないいな」「そうだけど、あれもこれもでは駄目だよ」

11年からの町の総合計画、第2次振興計画の素案づくりの真っ最中だ。この日で11回目。町の重点施策を絞り込む作業に取り組んだ。

委員は総勢28人。全員、公募に応じた住民だ。議員も3人いる。そのうちの一人、石橋史敏さん（55）は「住民自身がまちの経営にかかわってこそ本来の自治だ」と積極的に評価する。

福島県会津美里町

人　　口	約2万3700人
議員定数	18
議員報酬	22万1000円
政務調査費	なし

住民との協働は行政が呼び掛ける例が多いが、会津美里町は違う。議会が旗を振った。

〈住民参画促す〉

2町1村の合併から2年後の07年9月。議会は、北海道夕張市の財政破綻《はたん》を教訓に59項目の行財政改革提言を町に突き付けた。「財政が厳しいのに旧町村の事業の整理統合が進まない」「町の改革プランは手ぬるい」との危機感からだった。

提言の筆頭に掲げたのが「協働と参画のシステム確立」だ。当時、議会の特別委員長を務めた石橋さんが狙いを語る。

「住民が行政にかかわることで、前例に縛られがちな役所の体質に風穴を開けられる」

議会の働き掛けを受け、町は「みんなの声をまちづくりにいかす条例」を昨年9月に制定。これに沿って動きだしたのが今回の計画づくりだ。

住民を意識した議会活動も始まった。07年、59項目の提言書をテーマにした住民との懇談会を初めて開催。08年は07年度決算を取り上げた。

昨年9月の懇談会ではバイオマスタウン構想を題材にした。生ごみや間伐材を活用し、肥料、燃料をつくるという町の構想。関連予算はまだ議案としては提出されていないが、「町の将来にかかわる内容であり、早くから問い掛けるべきだ」と判断した。

〈「役割大きく」〉

住民と行政の役割分担を考え、重点施策にふさわしいかどうか事業を「仕分け」する町民委員たち＝2010年4月11日

課題もある。懇談会は町内3カ所で年1回。「まだまだ足りない」と議員の根本謙一さん（61）。「もっときめ細かく地域に入り、話し合いの場を増やさないと」

今回の計画の素案は、町が町民検討会議の論議を踏まえて5月末にまとめる。6月にパブリックコメント（住民意見）を募り、9月定例会に議案として出す。議会も、議員同士の討議を重ねて提言を出す予定だ。

行政への住民参加が進めば進むほど、議会の存在感は薄くなる。全国どこでもそんな市町村が多いが、町民検討会議の座長を務める会社員荒井弘之さん（49）は異を唱える。

「さまざまな住民の思いを形にするのが議会の仕事。役割はむしろ大きくなる」

議員と一緒に町の未来を語り合って半年以上。はぐくんだ信頼感が期待につながっていく。

第8部 背負う、耐える

議会改革がうねりとなりつつある。自他ともに認める先進議会がこれをリードする。しかし、トップを走る議員たちに誇らしさはなかった。第8部のテーマは「背負う、耐える」。今日思い立って明日得られる成果などたかが知れている。評価を下すのは、そのまちでともに暮らす人々だ。住民自治の担い手としての責務を全うしようと、もがき苦しむ姿を全国各地に訪ねた。

（2010年5月24～31日掲載）

1 改革10年／住民参画求め、もがき

北海道福島町

〈水産業で激論〉

青函トンネル建設のにぎわいは、過ぎ去った。海峡の先に津軽半島を望む北海道福島町。人口は往時の3分の1となった。町は再び漁業にすがる。「衰える町で何ができるのか」。その答えを議会も懸命に探している。

いつでも会議が開けるよう、会期の通年制は1年前に導入済みだ。4月会議は水産振興策をめぐって火花が散った。

執行部は、稚ナマコを放流して数年後に水揚げする計画を立てた。約3000万円の事業費は、ほぼ全額が交付金で賄われ、町の持ち出しは9000円で済む。

しかし、議長の溝部幸基さん（62）は言う。「問われているのは負担の

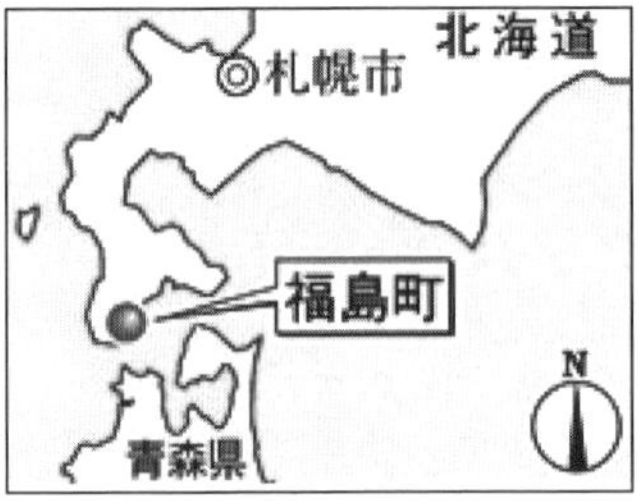

北海道福島町

人口	約5300人
議員定数	12
議員報酬	13万1000円
政務調査費	5000円／月

多い少ないではない。この事業が本当に住民のためになるかどうかだ」。議会は独自に生態系への影響やナマコの残留率を調査。事業の成否に疑念が生じた。

「事業が失敗したら職を辞す」と宣言して議会に可決を迫る町長の村田駿さん（64）。審議は7時間を超え、事業費を全額削除する動議まで飛び出したが、それでも結論は出なかった。

「傍聴席に漁業関係者がいたら、事業を支持してくれたのに…」。村田さんは天を仰いだ。福島町議会は、傍聴者を「議会への参画者」と呼び、発言も認めている。が、この日、傍聴席に「参画者」の姿はなかった。

〈自ら評価公表〉

議会は「気付いたことから、できることから」を合言葉にこの10年間、改革を積み重ねてきた。通年議会も傍聴席からの発言も、こうした取り組みの一環だ。

議員による自己評価もその一つ。会議への出席率や発言回数、その内容、地域活動への参加状況を毎年、公表している。

「議員は4年に一度、選挙のときに評価されるだけでいいのか。そんな安易な態度は断じて許されない」と溝部さんは言い切る。

議会がここまで自らにむち打っても「参画者」が増える気配は一向に見られない。執行部が提案した幼稚園の統廃合を「住民のためにならない」と退けたときも、当の住民たちは「議会と町長がもめている」とうわさした。

諮問会議メンバーを招いた事前勉強会。公募に応じた住民たちが議会に素朴な疑問をぶつけた＝2010年4月27日

〈公募し声拾う〉

新たな試みとして5月26日、住民らで構成した議会の諮問機関が発足する。議員たちは「どうして議会に参画してくれないのか、自分たちに何が足りないのか、直接、住民に尋ねたい」とわらにもすがる思いだ。

公募委員の金沢富士子さん（54）は「生まれて初めて自分の意思で手を挙げた」。「働きたいけど、働く場所がないから仕方なく主婦をしている。議会にわたしたちの痛切な声を届けたい」と金沢さん。住民もまた切実だった。

改革の姿勢を見習おうと、福島町議会には全国から視察が絶えない。だが、そんなことに満足する議員は一人もいない。「住民の参画が進まない限り、及第点は付けられない」。これが議長としての溝部さんの「自己評価」だ。

2　政令市の自負／自立・開放、仕掛け次々

さいたま市

〈外部チェック〉

議会改革の波は大都市にも押し寄せている。

全国で19ある政令指定都市のうち、4月末現在で議会基本条例を制定したのは川崎、さいたま、名古屋の3市議会。着実な歩みで注目されるのがさいたま市議会だ。

改革「元年」は3年前の改選時。市民の厳しい目を意識し、自ら襟を正すことから始めた。

日額5000円の費用弁償を廃止し、政務調査費の使い道をガラス張りにするため外部チェックを導入した。添付された領収書を公認会計士が点検する仕組みだ。

さいたま市

人　　口	約122万6400人
議員定数	64
議員報酬	80万7000円
政務調査費	34万円／月

来春の選挙を控え議員定数を64から60に削減。昨年12月には議会基本条例の制定にこぎ着けた。

矢継ぎ早の改革を後押ししたのは、01年の浦和、大宮、与野の3市合併だったという。議会改革推進特別委員長の高柳俊哉さん（48）が語る。「しがらみにとらわれず、さいたま市として新しいルールを決めようという合意が改革の推進力になった」

2年がかりでつくった基本条例は議会の活動原則に「調査機能の向上」と「市民の視点に立った政策形成」を掲げた。

〈全員リポート〉

実際、常任委員会は変わりつつある。付託された議案の審査に加え、独自のテーマ研究に乗りだした。五つの常任委がそれぞれ課題を選び、1年かけて調査。市への政策提言に仕上げる。

都市行政を担当するまちづくり委員会は昨年6月、自転車の利用環境をテーマに選んだ。「環境にも健康にもいい」と評価されているのに、駐輪場や専用道路の整備が追い付かない。放置自転車の解消も急務―。こんな問題意識からだった。

専門家の講演や県内外の視察、市担当課との質疑を踏まえ、6月に提言をまとめる。

講演や視察後には、聞きっぱなしに終わらせないよう、委員全員がリポートを書く。仕事量は大幅に増えたが、「政令市の議会になった以上、専門性が求められるのは当然」と委員の輿水《こしみず》恵一さん（48）は意に介さない。

2001年の合併で誕生したさいたま市。「政令市にふさわしい議会を」と改革が進む＝JR大宮駅前

輿水さんは自らを鼓舞するようにこう続けた。「多彩な民意を把握できるのが議会の強み。市民の側に立つ集団として、その力を行政の監視や政策提言に生かしたい」

〈市民を議場に〉

「自立した議会」と並ぶ、もう一つのモットーが「開かれた議会」。昨年10月、それを実践に移した。名称は「オープン議会」。公募に応じた市民ら59人が議場の議員席に座り、議会基本条例案について議員に質問や意見をぶつけた。

政令市の議会としては前例のない取り組みだが、隣の川口市から参加した「議会基本条例を考える会」代表の伊田昭三さん（65）は辛口の評価を口にした。

「いろいろな取り組みをしているが、市民の関心は低い。情報発信を積極的にして、市民を振り向かせる工夫が必要だ」

都市住民をどう引きつけるか。改革の第一歩の先には、高いハードルが待ち構える。

3 脱皮／住民が喝、覚悟がらり

大分市

〈40人街頭ＰＲ〉

大分市中心部の商店街。昨年10月末、買い物客が行き交う遊歩道に、約40人の大分市議が顔をそろえた。

議会主催の「市民意見交換会」が10日後に迫っていた。「ただ待つだけでなく、議員が汗を流す姿を見てもらおう」と街頭ＰＲに打って出た。

高さ3メートルののぼりを掲げ、スピーカーで参加を呼び掛けた。案内チラシを受け取るのは買い物客の半分だったが、元議長の阿部剛四郎さん（67）は「人集めは簡単ではない。受け取ってくれる人がいるだけでいい」と気にしなかった。

大分市議会は08年12月、人口30万人以上の中核市では初めて議会基本条

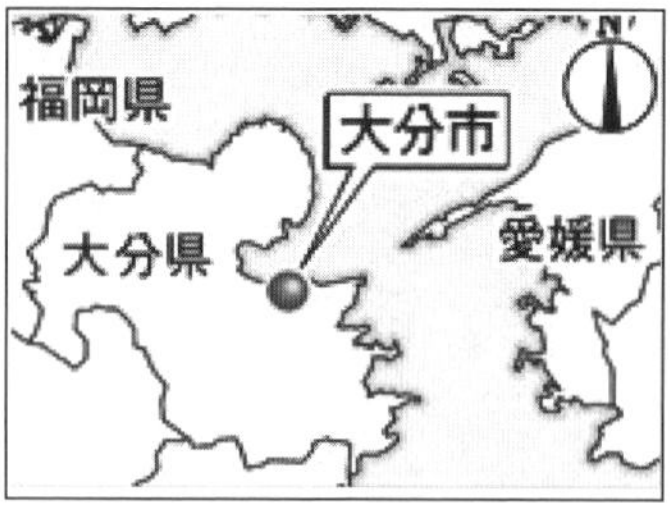

大分市	
人口	約47万4000人
議員定数	46
議員報酬	64万1000円
政務調査費	10万円／月

例をつくった。年1回、市内13カ所で意見交換会を開き、新たな条例づくりも進める。昔から「優等生」だった訳ではない。夏の甲子園に議員6人が公費で応援に行き、市民から批判を浴びたことがある。

〈転機は大合併〉

転機は平成の大合併。全国で市町村議員がどんどん減っていく中、議会と議員の在り方を問う声が大分市議会でもわき起こった。「もう議員はいらないと言われかねない」「何もしなくていいのか」。危機感が議員の尻をたたいた。

議会は06年、議員政策研究会を設け、最初に取り組む課題を議会基本条例と決めた。推進チームに10人の議員が名乗りを上げ、先行自治体の条例を参考にしながら中間案をまとめた。

08年7月、初めて開いた意見交換会で、議員たちはできたばかりの中間案を、胸を張って住民に示した。だが、返ってきたのは予想外の声。「『何々に努める』という規定ばかり。努力すれば、それで済むのか」

「市民はちゃんと見ている。中間案には議会の覚悟が足りなかった」。元議長の長田教雄さん（59）はこう振り返る。出来上がった議会基本条例で、意見交換会の開催は「努める」から「機会を確保する」と義務規定に改められた。

〈子ども条例を〉

大分市議会は「子どもに関する条例（仮称）」の策定に取り組む。条例は子育て支援の推進も見据える＝大分市の府内こどもルーム

住民の声を起点にした政策づくりは、現在策定中の「子どもに関する条例（仮称）」でも実践されている。少子化や共働き家庭の増加が進む中、子どもを「地域の宝」と位置付けて守り育てるのが目的だ。

5月半ば、市中心部で開かれた民生児童委員協議会の総会に、推進チームの議員5人が駆け付けた。「親をもっと教育してほしい」「地域全体で子どもを守る意識を高めてもらいたい」。現場を知る委員たちの意見を熱心にメモした。

議員たちはPTAなど大小さまざまな会合に足を運ぶ。「子どもに関するあらゆる意見を聞きたい」と安部剛祐さん（48）。条例は来年3月の制定が目標だ。

議長の仲道俊寿さん（50）は以前、「議会改革は小さな自治体ならともかく、大分では無理だ」と考えていた。それが今、180度変わった。「大きい自治体ほど市民の反響は大きい。やりがいがある」

4　ムトスの精神／行政評価、住民と競う

長野県飯田市

〈責務を明文化〉

「んとす（むとす）」

広辞苑の最後を締めくくる言葉は、「何かをしようとする」という意思を表す。地区公民館の自主運営など、住民自治が根付く長野県飯田市は「ムトスの精神」が住民の合言葉だ。

06年9月に生まれた自治基本条例も、前文で「ムトスの精神を次の時代に引き継ぐ」とうたい上げる。条例制定を主導したのは執行部ではなく、議会だった。

「自治体の責任が重くなる中で議会が何をできるかを考え、『まちの憲法』作りに挑むことにした」。議長の中島武津雄さん（61）が説明する。

長野県飯田市	
人　　口	約10万5000人
議員定数	23
議員報酬	40万2000円
政務調査費	14万円／年

条例は議会の責務を「執行機関の活動を監視、評価する」と明確に定める。条例制定と相前後して、市は向こう10年間の政策指針「第5次基本構想基本計画」を策定した。議会は、議決対象を独自に決められる地方自治法96条2項に基づき、計画を議決案件とした。「議決した以上、議会にも計画の進展に責任がある」。その思いが08年度、全国でも珍しい議会による行政評価として形になった。

〈市長に提言書〉

まず執行部が各事業を自己評価し、報告を受けた議会は重点事業を中心に疑問点や課題を整理。9月定例会で、決算認定の付帯意見として議長が市長に提言書を手渡す。「別事業に統合し、次の展開を求める」。昨秋提出した提言書では、市と農協が地元産品の販売促進協定を結ぶ事業の見直しを求めた。「広がりに欠け、効果が薄い」が理由。市は10年度から協定先を企業などにも広げ、マーケティング色の強い新事業に転換した。

中島さんは「提言を全部聞き入れろと言うのではない。議会がチェックする仕組みがあることが大事だ」と強調。「追認するだけだった決算を予算に反映させる道筋ができた」と手応えも語る。

だが、飯田市では行政評価は議会だけの役割ではない。住民が一足早く動きだしていた。

自治体運営の中心に議会を置こうという取り組みに注目が集まる。視察に訪れた三重県亀山市議会に説明する中島議長（後方）＝2010年5月18日

〈対抗心にじむ〉

基本計画の策定委員会が、07年度から「推進委員会」という名の行政評価機関に自主的に衣替え。委員の住民20人が執行部の自己評価に基づいて検討し、意見書を市長に提出する仕組みは議会と変わらない。

委員長で飯田商工会議所前会頭の伊藤篤さん（78）の思いは複雑だ。「議会の取り組みは『屋上屋を架す』ようなもの。ただ、市民の目に見える形で行っている点は評価できる」

一方、中島さんは「市民の率直な見方もあるが、議員は政策全体のバランスを考えて判断できる」と役割の違いを指摘する。双方の言葉に対抗意識がにじむ。

市議会と住民、執行部の３者が刺激し合い、政策を磨き上げる。「提言や意見を調整する職員は苦労している」。市長の牧野光朗さん（48）は苦笑して続けた。「借金を減らしながら多様な行政ニーズに応えるために、議会も市民も役割を果たす。まさに『ムトス』の精神だ」

5 「出前」常任委／民意把握、労惜しまず

北海道白老町

〈報酬上げ答申〉

市町村財政の深刻さは本州の比でないとされる北海道。厳しい状況にもかかわらず白老町の審議会は昨年7月、議員報酬の引き上げを町長に答申した。

「同規模の議会と比べて報酬が低い。引き上げて幅広い世代の人が立候補できる環境を整えるべきだ」

異例の答申は議会の働きを評価した結果だ。98年にいち早く議会改革に乗りだすと、活動日数が年々増加した。全国で初めて通年制を導入した08年は160日を超えた。改革前の2倍、全国町村議会の平均の2・7倍に上る。

5月14日、町が運行する循環福祉バスに建設厚生常任委員会の3人が乗

北海道白老町

人　　口	約1万9700人
議員定数	16
議員報酬	20万7000円
政務調査費	なし

り込んだ。海沿いの国道を往復1時間半。満員の車内で、一律１００円の運賃や本数の是非を乗客に聞いて回った。

「通院に便利。高齢者の運賃も有料にしていいからなくさないで」「買い物に使うので日曜も運行を」。意見を聴いてはチラシを配り、翌週に迫った委員会の傍聴を呼び掛けた。

正確には「移動常任委員会」。議員と執行部が地域の公民館などに出向き、質疑を通して事務調査や陳情審査を行う。議会への関心を高めようと99年に始めた。地域にかかわるテーマを扱う際に開き、終わった後は議員と傍聴者がざっくばらんに語り合う場となる。

〈視野広く議論〉

議員の大渕紀夫さん（63）は言う。「例えば道路改修はどこでも『われ先に』となりがちだが、委員会を聞いた後は広い視野を持ってもらえる。住民の理解を得て、実のある議論にもつながる」

住民との接点づくりには労を惜しまない。毎年5月の議会報告会のほか、団体の要請に応じたり議会が働き掛けたりして毎月のように意見交換に出掛ける。数人の小グループでもいとわない。

議長の堀部登志雄さん（70）は「地域の隅々に入って住民ニーズをつかんでこそ、限られた予算の使い道を議論できる」と強調する。

〈若手には不利〉

「大きなテーマを話し合えるのが議会の強み。問題意識を共有できるのがい

バスの乗客から意見を聞いた後、委員会の傍聴を呼び掛ける議員＝２０１０年5月14日

い」（白老消費者協会）と評価の声が上がる一方、ジレンマも浮かんできた。
「議員の実態は専従に近い。定年退職者らベテランには有利だが、若手や中堅は立候補しづらくなる」。最年少議員、山本浩平さん（49）の懸念だ。身分保障としての報酬アップが欠かせないと考える。

町は緊縮財政の真っ最中。07年度から10年間の新財政改革プログラムを策定し、職員給料の2割削減や固定資産税の標準税率に0・3％上乗せする超過課税などを実施している。

財政難の責任の一端を議会に求める住民もいて、改革が手放しで歓迎されているわけではない。「議会の取り組みは住民には当たり前のこと」と堀部さん。住民に信頼されるには「当たり前」を積み重ねるしかないことを、よく知っている。

6　日本一／過大評価の声と闘い

京都府京丹後市

〈全国８０７の頂点〉

京都府の最北端にある京丹後市は04年4月、絹織物「丹後ちりめん」の産地として知られる丹後町など、6町が合併してできた。

誕生して6年になる議会が今年4月、日本経済新聞社が全国８０７市区議会を対象に行った議会改革調査で、「改革度日本一」に輝いた。

本会議の一問一答方式、執行部が逆質問できる反問権の導入といった運営面の改善に加えて、議会の活動に住民参加を促すさまざまな取り組みが高く評価された。

住民への報告会を開く議会は増えているが、ほとんどは年1回にとどまる。しかし京丹後では年4回の定例会が終わるたび、旧6町ごとに報告会

京都府京丹後市	
人　口	約6万1500人
議員定数	24
議員報酬	38万円
政務調査費	なし

てている。議案や審査内容の説明よりも、住民の声を聞くことに多くの時間を充

市民団体との懇談会も必要に応じて行う。住民からの請願・陳情を「政策提案」と位置付け、審査の際は提案者の住民から直接意見を聴く機会を設けている。

〈ちりめん低迷〉

「合併で面積は拡大したのに、議員は94人から24人に激減した。議会が積極的に働き掛けないと住民との距離は埋まらない」。改革に熱心な理由を、議長の大同衛さん（49）はこう説明する。

07年12月に制定した議会基本条例は、数十回の議論を重ねて練り上げた。条例にうたう「最良の意思決定」を目指し、市の総合計画の基本計画の審議には100時間を費やし、原案に100を超す修正や追加を行った。

こうした改革の実績から、日本一を当然と受け止める議員がいる一方、高すぎる評価に戸惑いをみせる議員もいる。合併で広がった住民との距離はなかなか縮まらず、なおも地域の利害を優先した発言を繰り返す議員がいるなど改革の理念通りにはいっていない現実があるからだ。

3月定例会の審査内容を説明した議会報告会。住民からは執行部と議会双方に厳しい意見も出た＝2010年5月21日

肝心の住民の評価は必ずしも高くない。

「日本一は過大評価だ」。3月まで旧丹後町で自治会長を務めた鉄工会社社長の給田育男さん（60）は断言した。

「一大産業だった丹後ちりめんは低迷し、地域がどうすれば生き残れるか見えない。議会は執行部に質問するばかりではなく、地域活性化策を議論し、政策提案してほしい」と訴える。

〈「不満は当然」〉

今年2月の臨時会では、執行部が必要な条例改正をせずに放課後児童クラブの児童募集をしたことなどが問題となり、議会から責任追及の声が続出。本会議は未明までもつれこんだ。執行部側の不手際もあったが、住民からは「市長の足引っ張りのために重箱の隅をつつくような批判をして、時間を無駄にしていないか」と冷ややかな声が聞かれた。

大同さんは「いろいろな意見や不満があって当然。住民に信頼されるためには議論をすべて公開して、参加を働きかけていくしかない」と、改革の意志を新たにする。

外部からの称賛と住民の評価との落差。それを埋める努力が続く。

7　流儀／とことん対話、根源に

北海道栗山町

〈夕張と好対照〉

地方議会の首位と最下位が隣り合っていた。

06年5月に全国初の議会基本条例をつくった議会のまち、北海道栗山町。境を接するのは、その1カ月後に財政破綻《はたん》を宣言した夕張市だ。議会は眠りほうけていた。

栗山町から全国に広がり、今や改革議会の標準装備となった住民への議会報告会。夕張市議会も昨年7月、初めて報告会を開いてみた。会場には破綻の責任を問う住民の怒号が飛び交い、以後の報告会は取りやめとなった。

栗山町議会の報告会も今春、5年目にして初めて注文が付いた。「決まっ

北海道栗山町	
人　　口	約1万3700人
議員定数	13
議員報酬	19万6000円
政務調査費	8000円／月

たことを報告しても駄目。審議途中の議案こそ住民の意見を聴くべきだ」。即座に議会は見直しを約束した。住民の声が改革を加速させる。

〈町財政を分析〉

「議会とは何か」

その答えを求めて全国の議会が栗山町議会の扉をたたく。5月上旬には、2000キロ以上離れた鹿児島県沖永良部島から和泊町の議員たちが訪れていた。

「改革といっても行き当たりばったりで…。ただ、やれない理由を並べることだけはしなかった」「出発点は住民との対話」「『もっと良い方法があるのではないか』と一度は議案を疑ってみるのが議会だと思う」

議長の橋場利勝さん（65）は、控えめな言葉に包んで改革の神髄を伝えた。

夕張市議会との決定的な違いは、改革のスタートラインで「財政分析のできる議会」を目指した点だ。議員全員が徹底して財政を学んだ。

成果は周辺2町との合併議論に表れた。何とか合併を推し進めたい執行部に対し、議会は客観的な財政データを示して住民に判断を仰いだ。推進にも反対にも傾かない公平な説明に、住民の議会を見る目が変わった。

「町の将来を13人の議員だけで判断しようというのは思い上がりではないか。決めるのは住民。議会はその意思を尊重しつつ、責任を負う」。橋場さんが説く。合併が破談となった後、議会は議会基本条例に住民投票の規定を盛り込んだ。

議場に設けられた席から審議を見守る住民モニター。「傍聴席では全体を見渡せない」という指摘に議会が応じた

〈緩めたら警告〉

視察の間中、部屋の一角でメモを取る住民がいた。泉真沙子さん（72）。議会から委嘱された住民モニターの一人だ。議会のあらゆる場所に出入りできる権限を持つ。

その泉さんは最近「妙に議会の物分かりが良くなった」と感じている。町営養護老人ホームを民間に譲渡する執行部提案をめぐって議会は「メリットが見えない」と一度は否決しながら、再提案を受けて可決に転じた。

「賛否が拮抗《きっこう》した際どい判断を下すことで議会は満足しているのではないか。納得するまで話し合うという栗山町議会の流儀を忘れてしまったのか」と泉さんは手厳しい。

議会が改革の手綱を少しでも緩めたら警告を発する。それがモニターの、そして住民の役割だ。「議会を動かすのはわたしたち」と泉さん。自治を語る声が弾んでいた。

〈半年かけ対案〉

住民と手を携えて地方議会のイメージを塗り替えた栗山町議会が、新たな一手を放つ。

議会は「総合計画の策定と運用に関する条例」の提案を検討している。議長の橋場さんは「住民自治が団体自治をコントロールする仕組み」と語る。成立すれば、町政が根っこから変わる。

自治体の基本構想、基本計画、実施計画を総称して総合計画と呼ぶ。まちづくりの設計図でありながら「役人の頭の体操」などとやゆされ、できた途端にお蔵入りとなるケースも多い。

栗山町も以前はそんな町の一つだった。

07年──。

「美辞麗句を並べた作文で、町は将来やって行けるのか」。次期総合計画の執行部案に議会の反応は芳しくなかった。「この案では議会として賛成できない」。全国のどこにも前例のない議会による総合計画の対案づくりが始まった。

当時の議会事務局長、中尾修さん（61）が振り返る。「執行部案は職員170人でつくった。議会は議員13人と事務局員が3人。会議に会議を重ね、修正に次ぐ修正は途方もない労力だった」

議決責任を真正面から受け止め、その重みに議会は耐えた。半年を費やして議会案は、できた。

〈住民の監視下〉

執行部案には総合計画審議会委員として住民24人もかかわっている。住民と議会は、本会議場で夜を徹して話し合った。

栗山町議会の議会基本条例は前文に「自由かっ達な討議を通して論点、争点を発見、公開することは討論の広場である議会の第一の使命である」とうたう。住民たちは、自分が今まさに「討論の広場」に参加しているのだと実感した。

住民に支持された議会案が、現在の総合計画になった。「総合計画条例」は、このときの経験を下敷きにしている。

まず「総合計画に記載のない政策は予算化しない」と足かせをはめた。緊急

2期目を迎えた町長の所信表明に臨む議会。総合計画条例によって議会と執行部の新たな関係が始まる
＝2010年5月11日

に政策の追加や廃止が生じたときは、その都度、議会に諮らなければならない。重大な政策の変更は、住民や職員の意見を聴いて決める。

歳入の確保や債務の軽減、歳出の重点化といった財政の健全化策も総合計画に含まれる。つまり、自治体経営の一切合切が住民の監視下に置かれる。


〈角田から入植〉


町長のマニフェストも総合計画を逸脱することは許されない。その代わり、計画の策定や見直しは4年に一度行われる町長選挙のタイミングに合わせる。

総合計画の最上位に位置する基本構想は、地方自治法の改正で策定義務が廃止される見通しだ。橋場さんは「義務でつくるのではなく、より良い自治のため、主体的につくる時代が来た」と確信している。

１２０年前、戊辰戦争に敗れた旧仙台藩から現在の角田市の人々が入植して始まった栗山町。憲法が目指す地方自治を初めて現実のものとした議会が、ここにある。

第9部
気づく、むすぶ

変えよう地方議会。そのために、まず、住民自身が変わろう。議会とのきずなを取り戻そう。第9部のテーマは「気づく、むすぶ」。議会を真に「自分たちの代表機関」と言えるその日のために、全国各地で住民たちの新たな挑戦が始まった。住民もまた、もがき考える。わたしたちの内にある自治への渇望こそが、議会を改革へと突き動かす。そう信じて――。

（2010年6月14～18日掲載）

1　女性参加／歯がゆさ、もうごめん

福島県郡山市

〈共同参画10年〉

福島県の経済県都、郡山市。来春の市議選をにらんで政治団体「郡山の未来をつくる会」が本格的に動きだした。

5月下旬に開かれた市民学習会。代表で議員の蛇石郁子さん（57）が「男女共同参画社会基本法の制定から10年。つくる会としても法の理念を市議選でしっかり訴えていきたい」と決意表明した。

3日後には運営委員会を招集。7月の総会を経て政策冊子の作成、戦術を練り上げるスクールの開催、候補者の発表とスケジュールはめじろ押しだ。年明けには政策キャンペーンと住民集会で盛り上げを図り、選挙戦本番に突入する。

郡山市	
人口	約33万8300人
議員定数	40
議員報酬	60万2000円
政務調査費	13万円／月

〈数の力を実感〉

「政策決定に女性の意見を反映させたい」。つくる会は98年、そんな思いから出発した。翌99年の市議選で駒崎ゆき子さん（60）を議会に送り出した。

議員になって最初に気づいたのは、入手できる情報の多さと、それが住民に伝わっていない現実だった。「議員であるわたしが知ったことは、住民にも知っていてほしい」と駒崎さん。早速、議会ニュースを市内全戸に配布する活動を始めた。

2期目の途中、05年の補欠選挙でつくる会から蛇石さんが当選。議会内での発言力は格段に高まった。

郡山市では毎年夏に議員が要望する事業を執行部に伝える。1人でも二つぐらいは新年度事業に採用されていたが、2人で要望したら一気に12項目が予算化された。「1＋1」は「2」どころではなかった。

ようやく議会こそが住民ニーズを形にする場所だと実感できた直後、07年の市議選で駒崎さんは落選する。

票割りの失敗もあるが、支持者の輪を広げられなかったことが響いた。駒崎さんは「残念だが、これが実力と認めざるを得ない」と話す。

〈正確な民意を〉

苦杯をなめた後、駒崎さんは、女性の政治参加を考える全県組織「わいわい市民政治＠ふくしま」の活動に力を注いでいる。

「政党の候補に肩を並べて選挙を勝ち抜くには、したたかな戦略が求められ

女性の政治参加について話し合った市民学習会。来春の市議選に向けた取り組みが始まる＝2010年5月22日、郡山市民文化センター

る。が、議員を送り込むことにばかり目を奪われるのも駄目。住民の意見がきちんと反映される自治体をつくるという大目的を見失ってはいけない」と考えるからだ。

「議員の性別や世代、職業に偏りのある議会構成では、正確な民意を反映できない」と指摘する自治体政策研究所（札幌市）の森啓理事長（自治体政策論）は「理想ではなく現実の課題として議員の半数は女性であるべきだ」と語るが…。

つくる会の議員は蛇石さん1人になってしまった。何事も会派単位で進む郡山市議会では、議員が4人以上いない会派には議会運営に関する交渉権も与えられない。

来春の市議選に何人の候補を擁立すべきか。住民の、そして女性の代表を議会に送り込むという当たり前のことが当たり前にできないもどかしさを、つくる会のメンバー全員が感じている。

2　ニセ条例／語り・暴き、住民が修正

川崎市

〈中身は骨抜き〉

川崎市議会は09年6月、政令市の議会で最も早く議会基本条例をつくった。

しかし、「市民に開かれた議会」を基本理念に掲げた条例の策定プロセスが、住民に公開されることはなかった。中央学院大の福嶋浩彦教授は「ブラックユーモアとしか言いようがない」と痛烈に批判する。

議会基本条例になくてはならないとされる「議会報告会の開催」「請願・陳情者の意見陳述」「議員間の自由討議」の義務化も全会一致を得られずに見送った。典型的なニセ条例だった。

異議を唱えた議員は猪股美恵さん（60）一人だけ。「住民を遠ざける議会基本条例なんてあり得ない。議会に自発的な改革を望むのは無理かもし

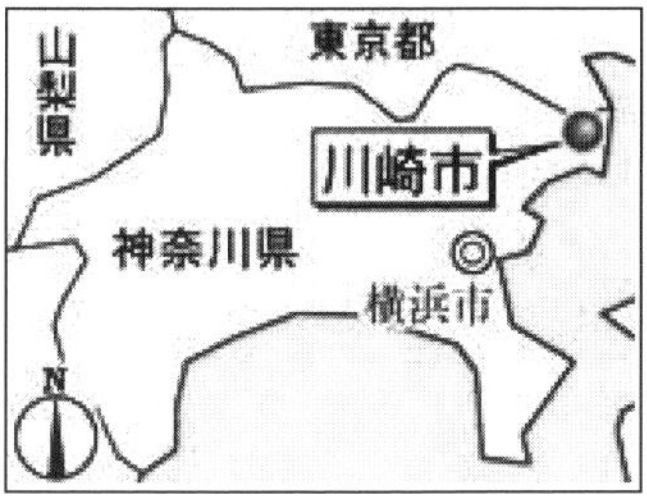

川崎市	
人口	約141万8000人
議員定数	63
議員報酬	83万円
政務調査費	45万円／月

れない」とつぶやくしかなかった。

〈私情を挟まず〉

だが、議会の外には猪股さんの思いをくむ住民たちがいた。「議会にその気がないのなら、わたしたちがやる」。ニセ条例を修正し、議会を変えようと「川崎市議会を語る会」が結成された。

語る会は、川崎市の全7区に置かれた住民組織「議員と語る会」の集合体。各区では「区民と議員のフロアミーティング」を主催している。95年に多摩区の住民たちから始まり、10年かけて他の区にも広がった。

語る会代表の吉井俊夫さん（62）が言う。

「各区では、住民と議員がスクラムを組んで地域の課題解決に当たる『語る会』。市全体では、厳しい態度で議会に改革を迫る『語る会』。たとえ親しい議員であっても会派の事情を優先させ、住民利益を後回しにするようなら指摘する」

5月中旬の議会運営委員会。語る会提出の「説明資料の傍聴者への配布と議会ホームページへの掲載」を求める陳情が審査された。

議会基本条例には「会議等で使用した資料を積極的に公開する」（14条）とあるのだが、見切り発車で条例をつくったため、運用の見直しが追い付いていなかった。

〈報告書を刊行〉

陳情の審査を見守る「川崎市議会を語る会」のメンバー。住民による議会基本条例の立て直しが始まった
＝2010年5月21日

当然、陳情は採択されると思われたが、この日は各会派の意見がまとまらず継続審査となった。

「手元に資料がないと、目の前で話し合われていることも傍聴者にはさっぱり分からない」。吉井さんに落胆の色が浮かんだ。

「住民の投げ掛けを受け止めようとしない議会のありのままを伝え、大勢の人に考えてもらいたい」。語る会は昨年12月、「市民による川崎市議会報告」の刊行を始めた。定例会のたびに、議員が何を質問し、執行部がどう答えたかを詳細に分析する。請願や陳情の審査経過も追う。発行部数は２００部。来春の統一地方選に向けて「市民による議会白書」もまとめる予定だ。

多摩区の住民が始めた「議員と語る」取り組みは、15年がたって「議会を語る」試みへと成長した。名称の変化が、住民意識の進化を物語っている。

3 通信簿／格付けで旧態あぶる

相模原市

居眠りや私語、中身のない質問に腹を据えかねて始めた議会の傍聴が、議員の「通信簿」という形で結実した。

〈実態知らせる〉

4月に全国19番目の政令市となった相模原市。住民グループ「相模原市議会をよくする会」は、99年から議会の傍聴を続けている。

中心メンバー約10人が分担して本会議や委員会を傍聴。年4回の定例会が終わるたびに会報紙「ザ・ギャラリー（傍聴席）」を発行し、議論の中身を紹介したり議会運営上の問題点を指摘したりしてきた。

表紙には「市民の知る権利に応える」の文字が浮かぶ。代表の赤倉昭男さん（73）は「多くの住民は議会がどんなものか知らない。目を向けても

相模原市

人口	約71万3800人
議員定数	52
議員報酬	67万円
政務調査費	10万円／月

らうためにも、実態を報告したかった」と振り返る。

〈住民の反響大〉

03年春の統一地方選直前、「相模原市議の通信簿」と題する臨時特集号を発行した。議員全員について、4年前の市議選で掲げた公約実現のための取り組みや議場での態度、質問などを評価し、ランクやコメントを付けた。

例えば任期中に一度も一般質問しなかった議員は「落第」、質問しても公約に触れなければ「不可」とした。

人物評は「発言内容は地元誘導お願い型」「発言は分かりやすいが、居眠りが目立つ」といった具合だ。

住民からの反響は大きかった。「ここまでひどいとは思わなかった」「投票の参考にする」という驚きや感謝の声が相次いだ。

〈居眠り、私語減〉

議会からは当然、猛反発を受けた。「選挙妨害だ」「訴える」と抗議され、「評価が不公平」と住民に触れ回る議員もいた。

それでも目に見える成果があった。議場での居眠りや私語は激減した。「議会だより」に質問者名や会派別の議案の賛否が掲載されるようになった。

変わらない部分も多い。代表者会議や全員協議会は非公開のまま。執行部とのなれ合い、当選回数による議員の序列など旧態依然とした体質もそのままだ。

来年の統一地方選に向けた通信簿作成委員会。評価の基準にするシートの活用などを話し合った＝2010年6月4日

07年の統一選前に2回目の通信簿を出し、やはり住民に歓迎された。議員にとって、会が無視できない存在になったことは間違いない。会が議員を招いて毎年開く議会報告会に最初は2人しか来なかったが、今では全会派の議員が参加するようになった。

議員の阿部善博さん（40）は「通信簿はあくまでも一つの見方。いろいろな立場の住民に異なる観点で評価してもらいたい」と、関心の広がりを期待する。

赤倉さんたちも、住民が議員の通信簿にしか関心を示さないことが気になっている。「議会を変えられるのは有権者の自分たちだと知ってほしい」という思いが募る。

期待ともどかしさを抱えながら、会は来春の統一地方選に向けた3回目の通信簿づくりを本格的にスタートさせた。

4　ふる里塾／他力本願、卒業のとき

宮城県白石市

〈前市長が酷評〉

眠れる議会が、初めて住民の前に現れた。

仕掛けたのは白石市の住民有志でつくる「みちのくふる里塾」。5期20年にわたって市長を務め、04年に勇退した川井貞一さん（77）を「塾長」に迎えた勉強会だ。塾生には熱烈な「川井ファン」が顔をそろえる。

議会の低迷ぶりは、塾生の間でも以前から言われていた。「一度、議会の考えを聞いてみたい」。塾生アンケートを踏まえて、議員全員に出席を求めた。

5月21日の定例会。要請に応じた10人の議員が壇上に並ぶ。向き合う塾生約60人は今回、聞き役に徹する。住民と議員の間を取り持つように配置

白石市	
人　口	約3万8000人
議員定数	21
議員報酬	35万1975円
政務調査費	5000円／月

された塾長席から川井さんが切り出した。

「近ごろの議会は一体、どうしてしまったのか。当選目当てで地元の要望を聞くのが仕事だと勘違いしていないか。わたしの知る議員は、こうじゃなかった」

昔は、自分の地盤で計画されていた農道建設でも堂々と「税金の無駄遣い」と主張して工事をストップさせた議員がいた。「今、バッジを着けているあなたのお父さんだよ」と川井さんが畳み掛ける。執行部の政策を全面支援する議員には「それは議会の役目じゃない。政策の是非を、どうして議論しないのか」とばっさり。

全国市長会の副会長も歴任した地方自治の論客に反論できる議員は一人もいない。大人と子どもほどに違う政治キャリアに圧倒されて議員たちは、終始うなだれるしかなかった。

議員10人が出席に応じた「みちのくふる里塾」の定例会。議会の力量があらわになった＝2010年5月21日、白石市いきいきプラザ

〈委任が習い性〉

が、後日、川井さんは意外な感想を口にする。「議会から活力が失われた責任の一端は、わたしにもある。反省している」

手堅い自治体経営を続けてきた結果、議会もいつの間にか「市長に任せておけば大丈夫」が習い性となっていた。

他力本願は塾生たちも同じだ。「川井さんに教えを請いたい」「川井さんを塾長に迎えよう」「やっぱり川井さんに頑張ってもらいたい」…。

首長が必ずしも有能とは限らない。首長に白紙委任するのは民主主義ではない。万が一、首長が暴走しても議会が歯止めになる。議会が住民の知恵を集めて議論をすれば、満点は無理でもより良い答えにたどり着ける。

〈少しずつ成長〉

このことに川井さんは気付いていた。「地元に人材がいないと嘆くのではなく、今いる住民の中から選ばれた議会が、住民と一緒に少しずつ成長することが本物の自治だと思う」

聞き役に徹していた塾生から最後に「次回は、われわれ自身が議会と対話したい」と声が上がった。壇上にいた議長の佐藤英雄さん（61）も「確かに対話が少なすぎた。今後はできるだけ住民の声に耳を傾けたい」と応じた。

住民と議会の二人三脚が、ささやかな一歩を踏み出した。

5　傍聴席／対話が開く新たな扉

埼玉県所沢市

〈双方向の変化〉

議会が変わってきた。

埼玉県所沢市議会を傍聴している住民グループ「傍聴席」のメンバーがそう実感している。

委員会を傍聴すると、参考資料が配られ、審議の合間に意見を述べることができる。議案に対する各議員の賛否の公表を求めた請願が採択され、4月の議会だよりから賛否一覧表が掲載されるようになった。

変化は、議会側の改革姿勢と住民の議会ウオッチが連動して生まれた。08年6月、議会基本条例に関する特別委員会が設けられたのが発端だ。

埼玉県所沢市

人　　口	約34万2700人
議員定数	36
議員報酬	56万円
政務調査費	7万円／月

「傍聴席」のメンバーは毎回欠かさず通って議論に耳を傾けた。

回を重ねるにつれ、議員との距離が縮まった。「委員会の部屋の狭さが幸いした。あいさつを交わし、声を掛け合うようになった」とメンバーの高垣輝雄さん（67）。議会が開いた公聴会に高垣さんら3人が公述人として参加、住民と議会の意見交換の場を確実につくるよう注文した。

議会側にも住民との連携を模索する人がいた。特別委の委員長だった桑畠健也さん（45）はある日、審議中に休憩を宣言し、傍聴者に意見を求めてみた。この試みが、一方通行だった傍聴を双方向に変えた。

〈緊張感が大事〉

真剣に改革に向かわざるを得ない事情が所沢市議会にはあった。03年12月から、地元選出の元自民党衆院議員の選挙違反事件で市議10人が相次いで逮捕された。翌年、10人の新議員が加わり、信頼の回復が議会の最優先課題となった。「傍聴席」の活動は議場に出向くだけではない。議員を招きじっくり議論することもある。

6月5日は桑畠さんをゲストに迎えた。3月定例会の報告に始まり、公民館の利用ルールや国民健康保険税率の引き上げ、まちの将来像にも話が及んだ。活発な意見交換が3時間続いた。

メンバーの本間滋さん（76）は「話せる議員は増えたが、べったりにはならない。緊張感のある関係を心掛けている」と言い、桑畠さんも「こびることなく自

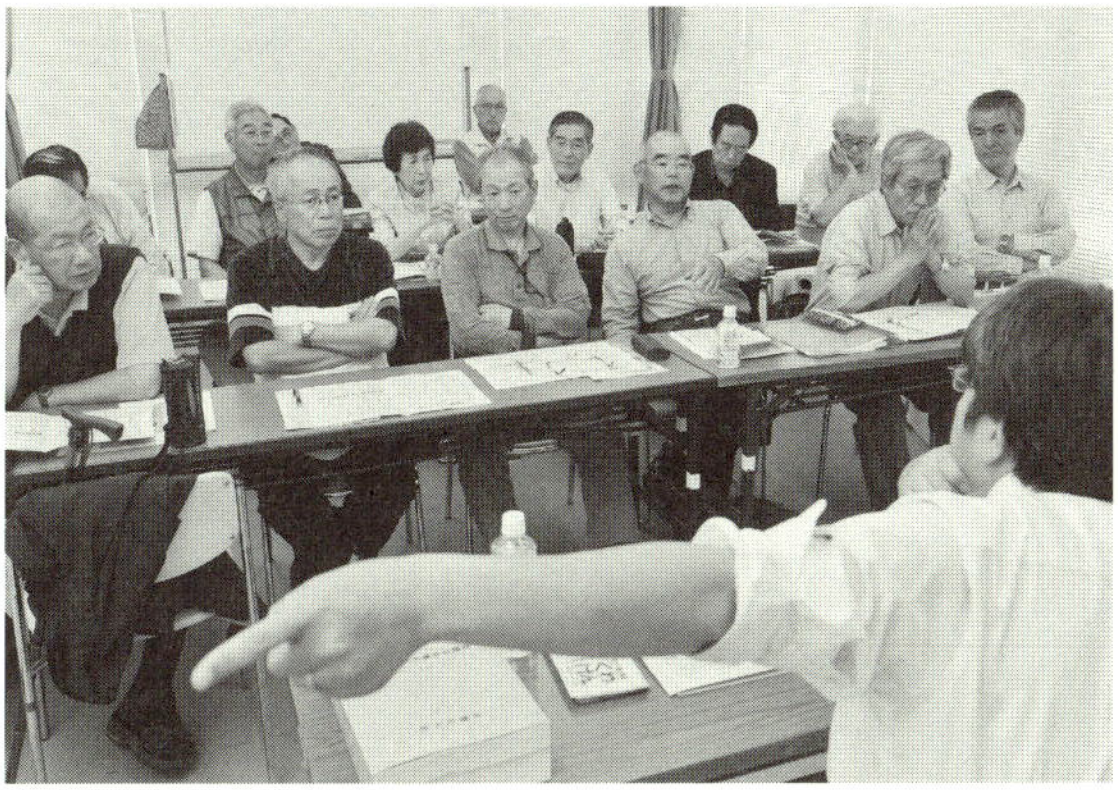

議員（手前）を招いた意見交換会。住民と議会が対話を重ね、緊密な関係を結びつつある＝2010年6月5日

分の意見を伝え、対話を続けていきたい」と語る。

「傍聴席」は、所沢市民大学の受講生7人で08年1月に結成した。地方自治を学ぶ中で議会に対する疑問が募った。「市の決め事すべてにかかわっているのに、何をしているかが見えない。選挙のときの判断材料も乏しい」

〈資料求め請願〉

メンバーは23人に増えた。議会傍聴の感想などを毎月の定例会やブログで発表し合う。まだ一部にとどまる傍聴者への資料提供を徹底するよう求める請願を6月初めに提出した。賛否の公表に続き、第2弾となる住民発の問題提起だ。

「所沢をいいまちにするには議会がしっかりしないと駄目だ。そして、住民もそっぽを向いたままではいけない」。こう気付いた人たちが議会との対話に可能性を見いだし、新しい住民自治の扉を開けようとしている。

特集

1　地方議会の実像

住民から選ばれた代表が、住民のための議論を繰り広げているはずなのに、地方議会の傍聴席が満席になることはまれだ。「住民自治の代表機関」としての威厳を守ろうとするあまり、かえって住民との距離が遠くなっているのではないだろうか。議会が必死になって守ろうとする「権威」にまつわる素朴な疑問を調べてみた。

◎権威の象徴

〈監査委員／独立性に疑問の声〉

正副議長とともに「議会三役」の一角を占める議会選出の監査委員をめぐって２００８年、政府の地方制度調査会（地制調）で廃止議論がわき起こった。全国都道府県議会議長会などの地方議会３団体は猛反発している。

自治体の財務状況などをチェックする監査委員の定数は３、４人。「識見委員」と議会から選任される１、２人の「議選委員」で構成される。議会の同意を得て首長が選任するが、誰を議選委員にするかは事実上、議会内の話し合いで決まる。

これに「議会選出の監査委員には短期で交代する例が多く、高度な専門知識を必要とする監査委員の役目を果たしているか疑問だ」「議会も監査の対象であり、その中から監査委員を選任するのはおかしい」とクレームが付いた。

多くの議会では、監査委員を経験することが正副議長への「登竜門」となっている。そのため、人選には本人の能力より議会内の力学が重視される。

慣例的に正副議長の経験者を監査委員としている議会もある。正副議長を退いて無役になると議員報酬が減ってしまうことに配慮した「激変緩和措置」だ。議選委員は議員報酬のほかに監査委員の報酬が支払われる。

議会には「監査委員に就いた議員は次の選挙で落選する」というジンクスもある。自治体の巨大財務をチェックしなければならない監査委員の業務は多忙で、選挙区を留守がちになるからだ。

宮城県議会では、05年度に支給された政務調査費の返還を求めた住民監査請求を県監査委員が「棄却」。住民訴訟で仙台地裁が、約８８３０万円を返還請求するよう命じる判決を出した。

こうした住民感覚や司法判断とずれた結論を出す監査委員に地制調は「独立性が十分に確保されていないのではないか」と疑念を呈し「行政全般を幅広い見地からチェックする議会」と「財務を専門的に監査する監査委員」の役割分担を「今後の検討課題」とした。

〈バッジ／着用義務、特になし〉

議員の胸元にさんぜんと輝く議員バッジ。議会の権威の象徴そのものと思われがちだが、実際のバッジ事情はかなりあいまいだ。

国会議員の場合はバッジが公的施設への通行証となっているため、着用していないと国会議事堂に入れない。だが、地方議員にバッジの着用を義務付ける法律はない。

議員章規程で「在職中、常に着用する」と明記している議会もあるものの、圧倒的に多いのは着用義務に関する記述がない議会だ。

オリジナルの議員バッジを作製している自治体もあるが、多くの議会は全国共通のデザインを採用している。共通デザインでも純金製から金メッキまで価格もさまざま。永年勤続議員や引退した名誉議員のために宝石を埋め込んだバッジを贈る議会もある。

名誉欲をくすぐるのに十分の議員バッジに権威主義のにおいをかぎ取り、ノーバッジで日々活動している議員もいる。

仙台市議会の議員バッジ。直径や台座の色は規程で細かく定めているが、着用義務はない

〈議長／権限絶大、争奪戦も〉

地方自治法によって議事整理権と議会代表権を与えられた議長の権威は絶大だ。公的な会合では首長と同格で扱われるし、報酬もほかの議員より多い。それだけに、議長のいすをめぐるバトルも激しさを増す。

青森県野辺地町議会では30年ほど前、議場に2人の議長が居並ぶという珍事が起きた。自らが経営する会社のトラブルに端を発して不信任、辞職勧告決議を立て続けに可決されたA議長。ついには議員除名処分となり、代わりにB議長が選ばれた。

処分に納得いかないA議長は「違法な権利の侵害があった」として県に申し立て、県も「除名処分は懲罰権の乱用に当たる」と決した。しかし、B議長も議会多数派の支持を取り付けて一歩も譲らない。

かくして野辺地町議会は議長席に2人が着席。議案審議そっちのけで、ののしり合いが数カ月続いた。

自治法は、議長の任期を「議員の任期による」（103条）としている一方、「議会の許可を得て辞職することができる」（108条）ともしている。要するに議長の任期に明確な定めはない。

全国では、ワンマン議長が何年も君臨する議会もあるし、議長就任時にあらかじめ1年後あるいは2年後の日付で辞表を書かせ、銀行の貸金庫に預けるケースもある。

最近は、開かれた議会を目指して議長に立候補した議員による所信表明会を行う議会もある。

議長席で激しく火花を散らす2人の議長＝1981年1月、青森県野辺地町議会

◎権威の失墜

〈ダメ議員／住民団体が「仕分け」〉

東京で昨年末にあった「開かれた議会をめざす会」のシンポジウムで、首都圏で地方議会ウオッチを続けている住民4団体が「ダメ議員トップ3」を「仕分け」した。各団体の辛口

批評に参加した議員からは「そんな議員を選んだ有権者の責任はどうなるのか」と反論も。議会の権威をおとしめるのはダメ議員？　それとも選んでしまった有権者？

【相模原市議会をよくする会（神奈川県）】
（1）職員の代筆を朗読する議員
（2）行政執行を審査する意欲のない議員
（3）財政や税制に習熟していない議員

【くにたち市議会を見ていく会（東京都）】
（1）「自分が住民の代表だから」と公言して住民参加を妨げる議員
（2）自分の言うことが絶対正しいと信じて聞く耳を持たない議員
（3）単に人がいいだけの議員

【多摩市議会ウオッチングの会（東京都）】
（1）部分の最適化に目を奪われて全体の最適化を考えられない議員
（2）政策の専門分野を持たない議員
（3）信念を貫けない風見鶏議員

【えびな市民オンブズマン（神奈川県）】
（1）議員の器でない議員

（２）首長や職員におべっかを使う議員
（３）自分の考えではなく文章を朗読する議員

〈委員会傍聴／〝主権者〟は末席扱い〉

大半の議会では、議案はそれぞれ担当の各常任委員会に付託され、そこで実質的な審議を行う。これを「委員会主義」といい、逆に本会議場で審議するのは「本会議主義」。こちらは主に小さな議会が採用している。

住民が審議の詳細を知りたいときは委員会審査を傍聴するのが有効だ。仙台市議会を例に常任委員会を傍聴してみた。

傍聴を希望する人は、委員会室の入り口で住所と氏名を記入して入室する。渡される傍聴券の裏面には「騒ぎ立てない」「鉢巻き、腕章などの示威行為をしない」など傍聴規則に基づいた注意事項が記されている。

かつては「傍聴人取締規則」と呼んでいたが「主権者である傍聴人を『取り締まる』のでは、まるで犯罪者のような扱いで失礼」との指摘があって規則の名称を改めた。

委員会室の座席配置は図左の通り。常任委員会に所属する議員10人が「コ」の字型に座る。

議案や報告事項を説明する市職員は委員会によって異なるが40～80人。最前列に局長が着席し、以下、部長、課長が前から順番に座る。これに補助員として係長が加わることもある。傍聴席は、その後ろにある。

傍聴席から見渡した委員会室。議案審査は傍聴席のはるか遠くで行われている＝仙台市議会

マイクを伝わって音声は聞こえるが、傍聴席からどの議員が発言しているのかは分からない。

住民団体は「主権者である住民が傍聴しやすいように委員会室のレイアウトを改善してほしい」(図右)と申し入れているが、改まる気配はない。

仙台市議会に限らず、委員会の傍聴席は最後部に追いやられているケースが多く、議会と住民の距離は物理的にもなかなか縮まらない。

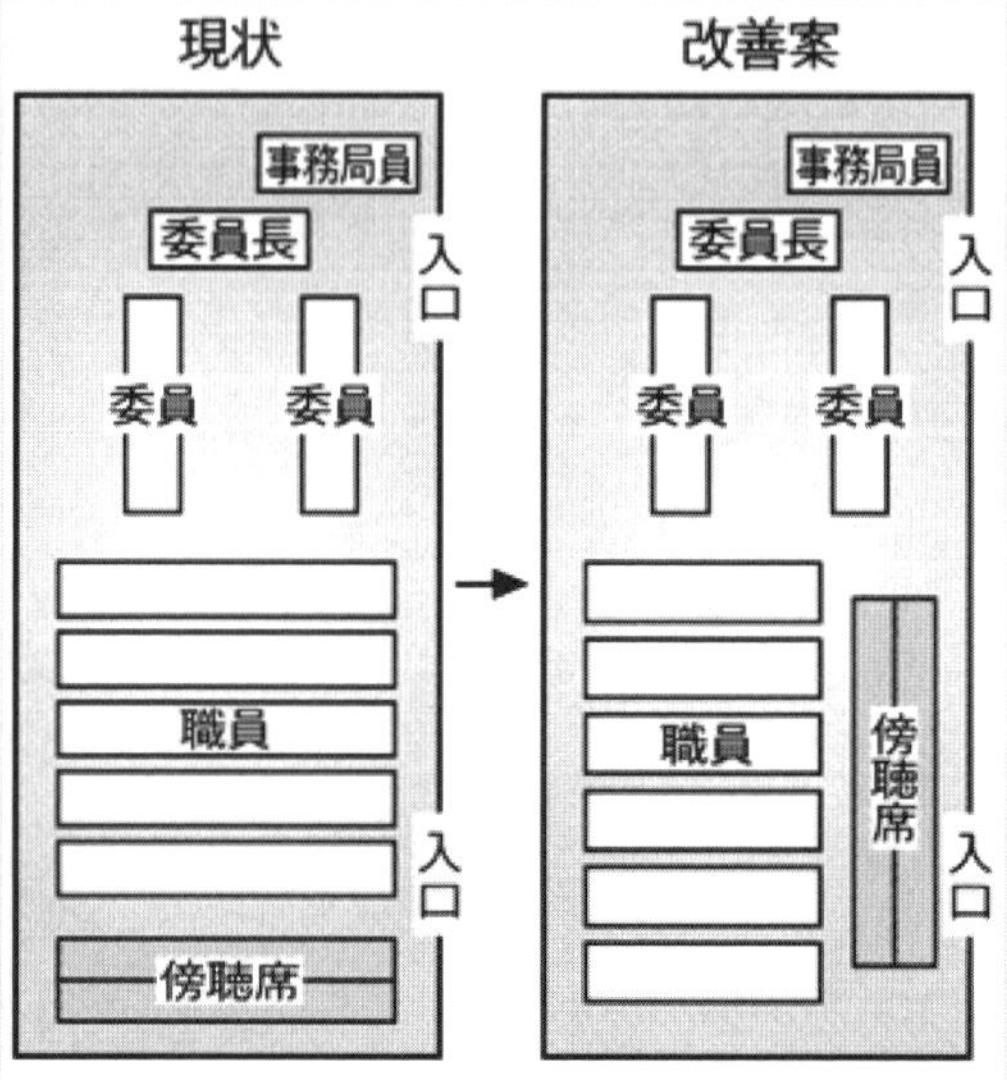

〈会議規則／秩序維持、議論を縛る〉

議会運営はすべて「会議規則」にのっとって執り行われる。各議会が独自に設置しているが、実際の内容は似たり寄ったり。どの議会も国が用意した「標準会議規則」を参考にしているためだ。

例えば、標準市議会規則は全161条から成る。「定刻前に議事堂に参集しなければならない」(1条)「出席できないときは議長に届け出なければならない」(2条)…と議員の一挙手一投足を規定し、議会の権威と秩序を守る。

62条は「質問者は定めた期限内にその要旨を文書で通告しなければならない」としている。これが一般質問の事前通告制。議員が通告にない質問をすると執行部に回答を拒否される場合もある。

事前通告制には「議会と執行部のなれ合いの温床」との指摘がある一方、「充実した答弁を引き出すために必要」との考え方もある。

専修大の小林弘和教授（地方自治）は「事前に調べれば分かるようなこまごましたデータを質問する議員がいる限り、答弁準備のために事前通告は必要」と主張。「政策の本筋で首長の大きな見解を問いただし、議論が深まる議会なら事前通告制は必要ないのではないか」と注文を付ける。

議案に対する質疑では「議員は自己の意見を述べることができない」（55条）としている。ある大学の学生が議会傍聴のリポートに「議員は質問ばかりしてばかだと思った」と書いてきたというエピソードもある。

小林教授は「議会と執行部が討議できるように会議規則を改正すれば、こうした疑念を住民に持たれない。標準会議規則に縛られて自分たちの権限を自分たちで弱めていることに議会は気付いてほしい」とアドバイスする。

このほか、質問回数の制限、議場へのパソコンの持ち込み禁止、画像を用いた質問の禁止など、時代にそぐわない規則は少なくない。

◎傍聴席から見た議会の常識・非常識／相模原市議会をよくする会代表　赤倉昭男氏

私たちはしばしば「議会は非常識だ」と口にするが、議会で行われていることは、ほとんどすべて47年に制定された地方自治法の第6章「議会」に従っている。

自治法に忠実に運営されていれば「非常識」などとは言われないはずだが、多くの議会が自分たちに都合のいいローカル・ルールを勝手につくっているところに問題の本質がある。議会の非常識は「自治法を運用する際の非常識」でもある。

議会は議員の集合体であり、各議員は政治的に自立していなければならない。しかし、実際には所属する会派や政党の「常識」で活動している。

もともとは住民であった議員が「住民でなくなった議員」に変身したため、住民の常識から懸け離れてしまったと言える。

〈いんぎん無礼〉

私が傍聴席から見た「議会の非常識」の幾つかを紹介したい。

本会議では、開会時に最初の議員が入場する前から、閉会時には最後の議員が退出するまで、首長以下の執行部全員が着席している。その一方で答弁は不親切であり、形だけの議員尊重はいんぎん無礼でもある。

定例会の初日と最終日には首長のあいさつがあるのだが、議員は誰一人として拍手をしない。これもまた常識のない態度であり、首長「与党」ぐらいは拍手したらどうかと言いたくなる。

執行部は議案説明に膨大な時間を費やす。議案を「予習」してこなかった議員のためなのか、それとも単なる時間つぶしなのか。議会運営の決め事を満たすだけのセレモニーに堕しており、これでは居眠りする議員がいるのもうなずける。

議員が演壇から議員席に向かって行う首長への質問も、よく考えればおかしい。長い伝統なのだろうが、最近は対面式で質問するよう議場のレイアウトを変更する議会も増えている。

〈あかくら・あきお〉
1936年北海道小樽市生まれ。立教大文学部卒。博報堂を定年退職後、1999年に相模原市議会をよくする会を結成。会員は現在73人で、広報誌や「議員の通信簿」を発行。市議会もよくする会の提言を受け入れて議会改革を進めるなど住民参加が進んでいる。

〈降壇後に休憩〉

相模原市議会の議長は、2年で自主的に辞職して交代する。名誉と特別手当を次の人に譲ろうという議会特有の「美学」だ。

議長が途中で議長席を副議長に交代する光景を目にする。だが、自治法で議長の交代は、議長に事故や欠落があったときのみに許されている。特別の事情もないのに降壇した議長は、議長室で休憩していたりする。

陳情の趣旨や背景の説明を専ら職員が行うのもおかしな話だ。陳情者の意見を聴く参考人制度を活用せず、陳情した住民を関与させないという思惑がうかがえる。

常任委員会の公開は、委員長による許可制となっている。だが、過去10年間で公開が不許可になったことは一度もない。だったら「原則公開」とすればいいと思うのだが、ついついもったいぶるのが議会の体質だ。

〈「上から目線」〉

拍手や笑い声も禁じた傍聴規則に従えば、傍聴者は一切音を発してはいけないことになる。インターネットなどで議会を中継しているのに傍聴者が録音や撮影するのは禁止されており「上から目線」と言わざるを得ない。

「開かれた議会」は民主主義の絶対条件だが、地方議会では市民参加のバリアフリー化がまだまだ十分とはいえない。こうした事態を打開するためにも住民の絶え間ない議会の監視（傍聴）とアピールが必要になる。

国では「地方行財政検討会議」が発足し、自治法の抜本改正に向けた議論が始まった。地方議会改革も主要な検討項目に挙がっている。この際「議会の非常識」が入り込む余地のない、住民主権を保障する新「地方自治法」が生まれることを望みたい。

2　政務調査費

地方議会の会派や議員が調査研究に使う政務調査費（政調費）。公費なのに使い道がはっきりしないと各地で住民監査請求や返還訴訟が相次ぎ、収支報告書への領収書添付など制度の見直しが進んだ。しかし、なおガラス張りには程遠く、一層の透明度の向上が求められている。政令市、東北6県の政調費の現状、仙台市議会の収支報告書から読み取れるおかしな使い方を紹介する。また仙台市民オンブズマンが起こした訴訟の推移を通して情報公開の歩みを振り返る。

◎仙台市議会の場合／全体の25％確認不能

仙台市議会の各会派に08年度に交付された政調費の総額は約2億5200万円で、このうち2億3756万円が実際に使われた。

使い切れずに市に返還された額は1445万円で、161万円だった2007年度と比べると大幅に増えた。

使い道の内訳をみると、最も多かったのは調査研究費の5125万円で交付総額の20%を占めた。人件費(3816万円)、広報広聴費(3574万円)、資料作成費(1387万円)と続いた。領収書の提出が義務付けられているのは1万円を超す支出。領収書がなく何に使われたか確認できない額は、交付総額の25%に相当する6178万円に上った。

◎こんな使い方も…

09年10月に開示された仙台市議会の08年度の政調費の領収書からは、これまで分からなかったさまざまな使い方が見えてきた。中には「市政に関する調査研究活動に必要な経費」という趣旨に沿うか、疑いたくなるようなケースもある。

〈宿泊費は1万6500円〉他都市視察などの旅費は、市の特別職の旅費規定に基づき定められ、新幹線だとグリーン車が利用できる。宿泊費は1万6500円で、1日3300円の日当も付く。

〈4年間も質問せず〉政調費の使い方が、そのまま議会活動に反映されているとは限らない。最も多い373万円を使った議員は、4年間一度も質問していない。

仙台市議会の政務調査費の使い方

項目	経費例
調査研究費	・旅費・交通費 ・大学などへの調査委託費
研修費	・講師謝礼 ・会費・受講料
会議費	・会場借上料 ・茶菓代
資料作成費	・印刷・製本代 ・ホームページ作成、維持管理費
資料購入費	・書籍代 ・新聞、雑誌の購読料
広報広聴費	・報告会の開催経費 ・広報誌の発行・配付経費
人件費	・補助員給料、アルバイト賃金 ・労災保険料などの雇用主負担分
事務所費	・家賃、維持管理費 ・駐車場代
事務費	・事務機器リース代 ・事務連絡のための電話、切手代
その他の経費	

(仙台市議会の手引から)

政務調査費の項目と経費例

〈はがき切手１２８万円〉広報広聴のための切手代購入などは必要最低限が認められているが、はがきや切手１２８万円分を購入した。

〈研修会兼ねて芋煮〉研修会を兼ねているとしてレジャー施設での芋煮会の会費の一部に充てた。会議費の名目で市政報告会や意見聴取会のための弁当代に支出した。

〈パソコン代金全額〉携帯電話料金など政務調査活動とほかの活動が厳密に区別できない場合、使用割合に応じて案分する決まりなのに、パソコンやデジタルカメラなどの購入代金全額を政調費で支払った。

◎透明性確保／「成果報告」義務付けも

政調費が地方自治法に盛り込まれたのは２０００年5月で、制度としての歴史は浅い。しかし、それ以前も都道府県や大きな市の議会会派には、首長の裁量で「調査研究費」などとして公費が支給されていた。

支給を受けた会派代表は首長に使用実績を報告していたが、人件費や研究費など項目ごとに金額を書き入れる簡単な内容で、住民が使途を確認することはできなかった。

90年代半ばになって、公費の使途が不明なのはおかしいと情報公開を求める声が高まり、各地で住民監査請求が起きた。議会側も首長判断ではなく法律に基づいた支給を要望。それらが自治法改正につながった。

地方自治法１００条に新たに13項が設けられ、政調費を「議会の議員の調査

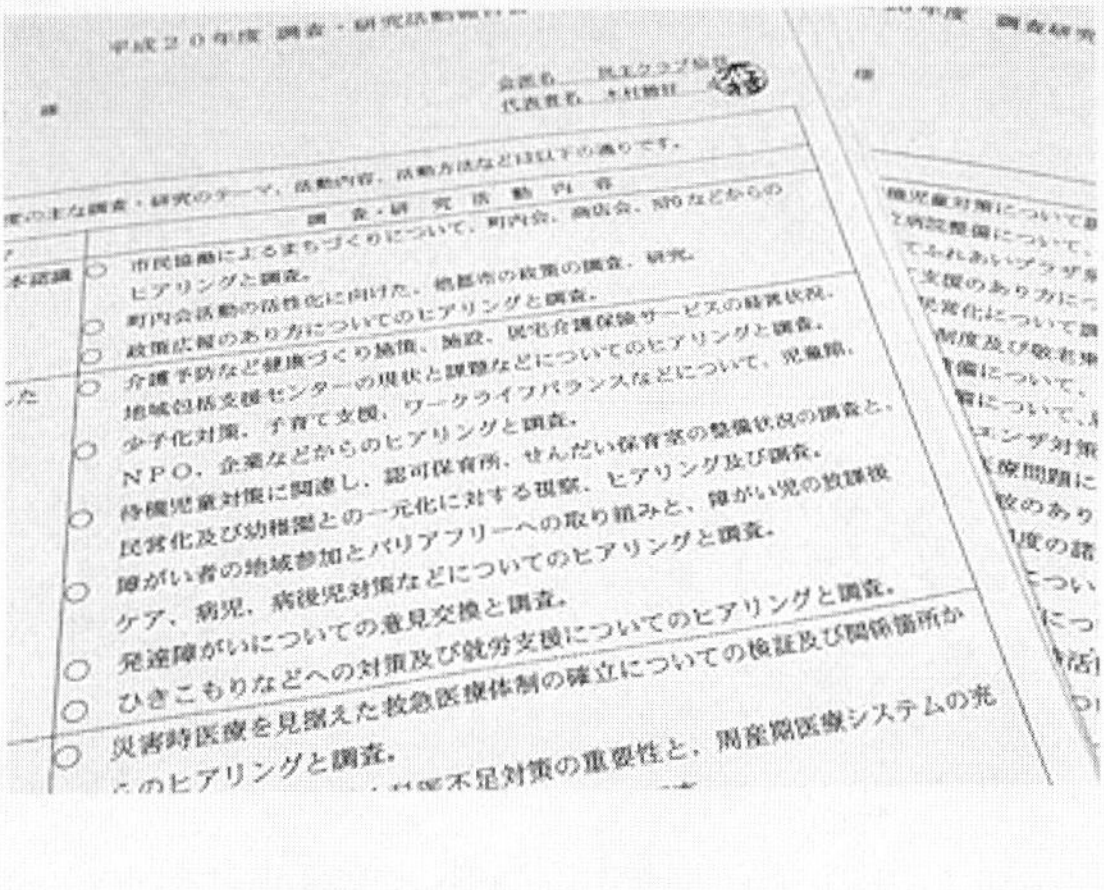

仙台市議会の会派が提出した調査研究活動の報告書。市政課題が羅列されているが、具体的に誰が何を調べたかは分からない

研究に資するため必要な経費の一部」と規定した。ただ、調査研究とは何かの定義はなく、それが使途があいまいになる一因と指摘される。

政調費の透明性を高めるため、すべての支出への領収書添付が都道府県や政令市でも当たり前になってきた。

調査研究の成果を確認するため、収支報告書とともに活動の成果報告を義務付けたり、調査費の監査を外部委託したりする動きもある。

18政令市（09年末現在）と東北6県の政調費の現状は表の通り。

全国市議会議長会によると06年12月現在で700市（全体の87・3％）が政調費の交付に関する条例を制定している。議員1人当たりの交付月額は最高55万円（横浜市）から最低数千円までと差がある。

全国町村議会議長会の調査では08年7月現在で195町村（全体の19・4％）が条例を制定。議員1人当たりの交付月額は平均で9631円となっている。

◎是正への挑戦／問題支出、法廷で追及

税金を使って活動しているのに、議会費の使い道は見えにくい。こんな現状に「異議あり」と声を上げたのが、仙台市民オンブズマンだ。情報公開制

政令市・東北6県の政務調査費

	人口（1月1日現在推計）	議員定数	議員1人当たり支給額（月）	領収書の添付対象
札幌市	190万人	68	40万円	すべて
仙台市	103万人	60	35万円	1万円超
さいたま市	122万人	64	34万円	すべて
千葉市	95万人	54	30万円	すべて
横浜市	367万人	92	55万円	すべて
川崎市	141万人	63	45万円	すべて
新潟市	81万人	56	15万円	すべて
静岡市	72万人	53	25万円	すべて
浜松市	82万人	54	15万円	すべて
名古屋市	225万人	75	50万円	1万円以上
京都市	146万人	69	54万円	すべて
大阪市	266万人	89	54万円	5万円以上（4月からはすべて）
堺市	83万人	52	30万円	すべて
神戸市	153万人	69	38万円	すべて
岡山市	69万人	52	13万5000円	すべて
広島市	117万人	55	30万円	すべて
北九州市	98万人	61	38万円	5万円以上
福岡市	145万人	63	35万円	すべて
青森県	141万人	48	31万円	すべて
岩手県	133万人	48	31万円	すべて
宮城県	234万人	61	35万円	すべて
秋田県	109万人	45	31万円	すべて
山形県	117万人	44	31万円	すべて
福島県	204万人	58	30万円	すべて

度を武器に数々の不適正支出をあぶり出し、制度改革を促してきた。

オンブズマンが宮城県議会と仙台市議会を相手にした主な住民訴訟は年表の通り。

訴訟を始めた90年代半ば、両議会の関連文書は非公開だった。議会の自主・自律性を理由に外部の目を拒み、それが許されていた。「まずは情報公開を」が出発点だった。

聖域とされた議会にも情報公開の波は押し寄せ、98年に仙台市議会が、99年には県議会が情報公開条例を制定した。オンブズマンはこれを使って政調費や海外視察費の支出文書を詳細に点検。選挙活動や観光といった目的外の疑いのある事例を抽出し、違法性を訴えてきた。

仙台地裁は07年4月、仙台市議会の政調費支出を初めて不適正と判断した。以後、政調費訴訟では議会の違法支出を認める判決が続いた。

だが、法廷での攻防は終わらない。09年9月と10月、海外視察費の返還を求

仙台市民オンブズマン対議会の主な訴訟経過

vs宮城県議会		vs仙台市議会
94、95年度旅費と91～95年度行政調査費＝現在の政務調査費（政調費）＝の情報公開を求め提訴 →仙台地裁判決が訴えを棄却(98年4月) →仙台高裁判決で逆転勝訴、知事に非開示処分の取り消しを命令（00年3月）	1996年7月	同左 →市が関連文書を開示したため訴えを取り下げ（97年11月）
92～95年度食糧費の情報公開を求め提訴 →仙台地裁判決が非開示処分の取り消しを命令（00年4月）	12月	
	97年12月	96年度海外視察費の返還を求め提訴 →仙台地裁中間判決が訴えを却下（98年11月）
	98年1月	95年度食糧費の返還を求め提訴 →当時の議長らが返還に応じ和解（99年1月） 93～96年度食糧費の情報公開を求め提訴 →市が公開対象を拡大したため訴えを取り下げ（99年2月）
	2001年9月	00年度政調費の返還を求め提訴 →審理対象を絞るため訴えを取り下げ（04年2月まで）
	03年4月	01、02年度政調費の返還を求め提訴 →仙台地裁判決が初めて不適正支出を認め、市長に返還請求を命令（07年4月） →仙台高裁判決も違法支出を認定（07年12月）
	10月	03年4月分政調費の返還を求め提訴 →仙台地裁差し戻し審判決が市長に返還請求を命令（08年3月） →仙台高裁判決も返還を命じる（08年11月）
03年4月分政調費の返還を求め提訴 →仙台地裁判決が知事に返還請求を命令（07年11月）	11月	
04年度政調費の返還を求め提訴	06年5月	
03、04、06年度海外視察費の返還を求め提訴 →仙台地裁判決が違法性を認めず、訴えを棄却（09年10月）	07年6月	06年度海外視察費の返還を求め提訴 →仙台地裁判決が一部を違法と認め、市長に返還請求を命令（08年12月） →仙台高裁判決は地裁判決を取り消し、訴えを棄却（09年9月）
05年度政調費の返還を求め提訴 →仙台地裁判決が訴えを全面的に認め、8830万円の返還請求を知事に命令（08年12月）		
06年度政調費の返還を求め提訴	08年8月	
08年2月定例会分の費用弁償の返還を求め提訴	9月	
県議会政調費問題が全面解決。議会が返還請求額約9500万円（03年4月、05年度分）の半額を返し、オンブズマンは政調費の全4訴訟を取り下げることなどで和解合意。仙台高裁が訴訟終結を宣言	09年3月	
	8月	08年度費用弁償の返還を求め提訴

宮城県議会と県警の情報公開訴訟控訴審で、逆転勝訴の判決を受けて会見する仙台市民オンブズマンのメンバー＝2000年3月、仙台高裁

宮城県議会と県警の情報公開訴訟控訴審で、逆転勝訴の判決を受けて会見する仙台市民オンブズマンのメンバー＝2000年3月、仙台高裁

めた訴えが仙台高裁と同地裁で相次いで退けられ、上級審で審理中。会議出席のたびに支給される費用弁償も「不当に高額だ」と是正を迫っている。

◎市民目線で議員採点／仙台市民オンブズマン初代事務局長　小野寺信一さん

仙台市民オンブズマンが発足して17年。法的手段を通して議会の「非常識」にメスを入れてきた。初代事務局長を務めた弁護士小野寺信一さん（61）は「議会の体質は変わっていない」と手厳しい。

判決などの外圧がないと動かない議会。「裁判所の判断もまだ甘い。法的手段だけでは足りない」と感じた小野寺さんは、2年前に誕生した市民団体「議会ウオッチャー・仙台」の仲間とともに次の一手に打って出る。

仙台市議の通信簿作りだ。議事録を読み、質問の優劣を評価する。「事前調査をしているか」「他都市との比較をしているか」などが基準。形式だけでなく、内容に踏み込んだ全国初の評価方法だ。結果は来年の市議選前に公表する。

2年前から傍聴席に足を運ぶようになった小野寺さん。目の当たりにしたのは、緊張感を欠いた質疑応答だった。

「地方議会への関心の低さが今の体たらくを生んだ」

そんな自戒を込めながら議員活動のチェックにいそしむ。「議会を良くするも悪くするも、有権者の意識次第ですからね」

小野寺信一さん

3　議会基本条例

改革に立ち上がった全国の地方議会で、議会の理念や責務を定めた「議会基本条例」をつくる動きが広がっている。２００６年５月に全国初の条例が登場してから既に多くの道府県議会や市町村議会が条例を制定し、討論の活性化に役立てている。先進議会の議長インタビューや、議会改革の必要性を説く識者の寄稿を紹介し、別名「議会の憲法」とも言われる基本条例の意義を探る。

〈制定、東北でも続々と〉

全国で初めて議会基本条例をつくった北海道栗山町議会は一躍、「議会改革のトップランナー」と称されるようになった。しかし、橋場利勝議長は「それまでの取り組みや、議員としての当たり前の心構えを明文化しただけ」と冷静だ。

橋場議長の言葉を裏返せば、栗山町議会は条例制定前から改革の努力を続けてきたと言える。

東北でも09年12月までに岩手、宮城、福島の３県議会と11市町村議会が議会基本条例をつくった。特別委員会などを設置して現在、検討中という議会も多い。

中でも08年6月に制定した会津若松市議会は、条例に基づく「政策形成サイクル」を確立し、栗山町議会の背中をうかがう位置にいる。

議会基本条例が脚光を浴び始めた当初は、首長ら執行部が議員に逆質問できる「反問権」にばかり注目が集まった。だが、本当に重要なのは「住民との対話」と「議員同士の自由討議」だという。

栗山町議会に追随する議会が増えるに連れて「ニセ条例も増えてきた」と指摘するのは、前栗山町議会事務局長で東京財団研究員の中尾修さん。

「住民対話や自由討議を義務ではなく努力目標にして逃げ道を用意する議会がある。また、条文を丸写しして簡単につくってしまった議会の中には、条例を十分に使いこなせていないケースもある」と言う。

栗山町議会が、今でも改革のトップランナーでいられるのは、条文の改定を繰り返し、日々、議会基本条例を中心にした議会運営を続けているためだ。

◎政策検討に徹底利用／会津若松市議会　田沢豊彦議長

会津若松市議会は、あえて議会基本条例を「市民の意見、提言を元にして政策をつくる道具」と規定した。条例に明記した市民との意見交換会、広報広聴委員会による課題整理、議員間の政策討論会を徹底的に使いこなすのが特徴だ。

意見交換会では、ときとして市民から痛烈な議会批判が飛び出すこともある。

田沢豊彦氏

わたしたちも不安だらけのスタートだった。しかし、回を重ねるうちに、これこそが住民自治を実現する重要なツールだと気付いた。

議会は、単に市民要望を受けるだけでは駄目。要望を起点に市民と一緒に政策を練り上げ、どう処理したかを説明する責任がある。

◎議決と立案重い責任／北海道栗山町議会　橋場利勝議長

これから議会基本条例をつくろうという議会は、あらためて条例の意義を考えてほしい。

地方自治の根幹は住民自治であり、住民の代表である議会が主役になる。ただ、住民を取り込んで議会活動を進めるには、従来の会議規則だけでは不十分と気付くはずだ。ここに議会基本条例の真の意義がある。

町の基本計画制定では、条例に盛り込んだ権限を行使し、執行部の原案を議会が修正した。つまり、議会は町の最上位計画について議決責任どころか立案責任を負う立場となった。基本計画の折り返しとなる10年は、関連事業の進み具合をしっかりチェックしていきたい。

橋場利勝氏

◎会期倍増深まる議論／三重県議会　三谷哲央議長

議会基本条例に基づく運営で、議会の議論は確実に深まった。

その一端をデータで紹介すると、年間の会期が106日から230日に増加。増えた審議時間を利用して常任委員会の開催も最大で2・5倍となった。代表質問、一般質問に加えて新たに議案質疑も取り入れた。有識者や利害関係者を招いての参考人招致も飛躍的に増えている。

住民参加を重視して三重県議会は、議員に配布される政策資料をそのままインターネットで公開する取り組みも始めた。住民は、お茶の間に居ながら議員と同じ資料を手にしてネットの議会中継を視聴できる。

三谷哲央氏

◎住民代表、原点回帰へ／法政大教授　広瀬克哉氏

〈国政に戸惑い〉

国政の政権交代により、政治主導の政府運営がスタートした。さまざまな手続きや意思決定について、これまでとは違う政治家と官僚の役割分担を目指して、新しい試みが展開されている。中でも、事業仕分けなどは内容、形式についての是非はともかくとして、公開の場で議論によって政策の是非を判断していくことの重要性について、あらためて確認する機会になったのではないだろうか。

このような国政の急展開に直面して、多くの地方議会は、国政への陳情、要望をどこに持っていけばいいのかなど、これまでのやり方が通用しなくなったと対応に戸惑っているばかりのように見える。そして、公開の場で議論をしながら政策の選択をしていくという国政の新しいスタイルの前で、地方議会の「役割のなさ」が際立ってしまっているのが現状ではないか。

だが、そんな多数派の現状とは異なり、まだまだ少数ではあるが、新しいスタイルの議会活動に取り組み始めた地方議会も登場している。

たとえば、事業仕分けにしても、実践は地方自治体が国よりも早い。すでに議会の会派主催で事業仕分けを行った例もあり、その経験者である地方議員が、国の事業仕分けで仕分け人を務めてもいる。全体として停滞して見える地方議会だが、個別には新しい取り組みは着実に広がっており、改革に動き始めた議会と、そうでない議会との落差がどんどん大きくなっているというのが実情なのである。

〈憲法的な中身〉

いま広がってきている議会改革の流れの先頭を切るのが、北海道栗山町議会である。06年5月に議会基本条例を制定した。同名の条例は以前にも存在したが、議会への町民参加をはじめ、自治体の主権者である住民と、町長、町議会という二つの代表機関の関係を整理して、自治の運営方法の基本を定めた「憲法的」な条例としては全国初である。

議員同士の自由な討議の重視、町民が参加できる公開の意見交換の場の設定、議会が説明責任を果たす議会報告会の開催など、この条例にはそれまでの一般的な地方議会の在り方を大きく変えていく要素が含まれていた。そして地方議会を「討論の広場」と分かりやすい言葉で明確に位置づけたことは、それまでの地方議会の在り方に閉塞（へいそく）感や限界を感じていた全国の議会関係者の背中を強く押すことになった。09年12月までに、全国83の自治体で議会基本条例が制定されるに至っている。

その後栗山町では、議会が基本構想議会案を用意して、市民公募の委員を含む総合計画審議会と本会議場で対話をして総合計画を策定するなど、それまでとは違った議会活動が次々に展開されている。

〈当然の在り方〉

会津若松市議会では、住民との意見交換会で出された要望や質問を整理し、議員による政策討論を踏まえて議会の見解をまとめ、また住民との意見交換に臨むという政策形成サイクルを確立しようとしている。

三重県議会は、従来一般に地方自治法上設置できないと解されてきた議会の付属機関を、法的問題を整理して条例上設置できるようにし、実際に動かし始めている。

議会が市民との直接の対話や、議員同士の議論を踏まえて政策をつくり、決めていくという在り方は、これまでの地方議会のイメージとはまったく異なる新しい展開だ。しかし、住民自治で自治体という団体の意思決定を行うという地方自治の原点に返るなら、これこそが当たり前の議会の在り方であることに気づく。

改革の取り組みが始まったところでは、住民の議会に対する信頼感や、関心度がまったく違ってきている。そこには、地方議会が名実ともに住民の意思決定機関となろうとする芽が出始めているのである。地方議会発の政治の変革の行方に期待したい。

風格漂う会津若松市議会の議場。議会基本条例を活用して改革をすすめている

4　政策法務

国がおぜん立てした法律にただ従うのではなく、条例などの制度に工夫を凝らして自治体を運営していこうという動きが広がりを見せている。自治基本条例や議会基本条例の制定も、こうした「政策法務」「自治体法務」と呼ばれる取り組みの一つだ。議会や執行部が、地域社会に自治を根付かせようと知恵を絞る政策法務の最前線を紹介する。

◎福島県会津若松市／政策形成サイクル／調査研究で討議深化

「議会改革のトッププランナーに学べ」。全国の自治体議会から会津若松市議会への視察が絶えない。目当ては同市議会が確立した政策形成サイクル。議会主導の政策づくりをシステム化した点が、高く評価される。「改革したくても具体的な進め方が分からない」という多くの議会の、お手本になっている。

政策形成サイクルは図1のように進む。始まりは、おおむね小学校区単位に市内15カ所で開く住民との意見交換会。年に2回、議員29人が分担して出向く。昨年度は住民４５６人が参加、出された意見は４７３件に上った。それらを広報広聴委員会が福祉や教育など分野別に整理し、その中から解決が急がれるテーマを抽出する。

課題が決まると調査研究へ。舞台は議会内に設けた「政策討論会」。（１）議員全員でつくる全体会（２）常任委員会に応じた４分科会（３）議会制度検討委員会―を内容に応じて使い分け、政策づくりにつなげる。

政策形成サイクルの運用例の一つが、現在進行中の議員報酬と定数をめぐる論議だ。「議会

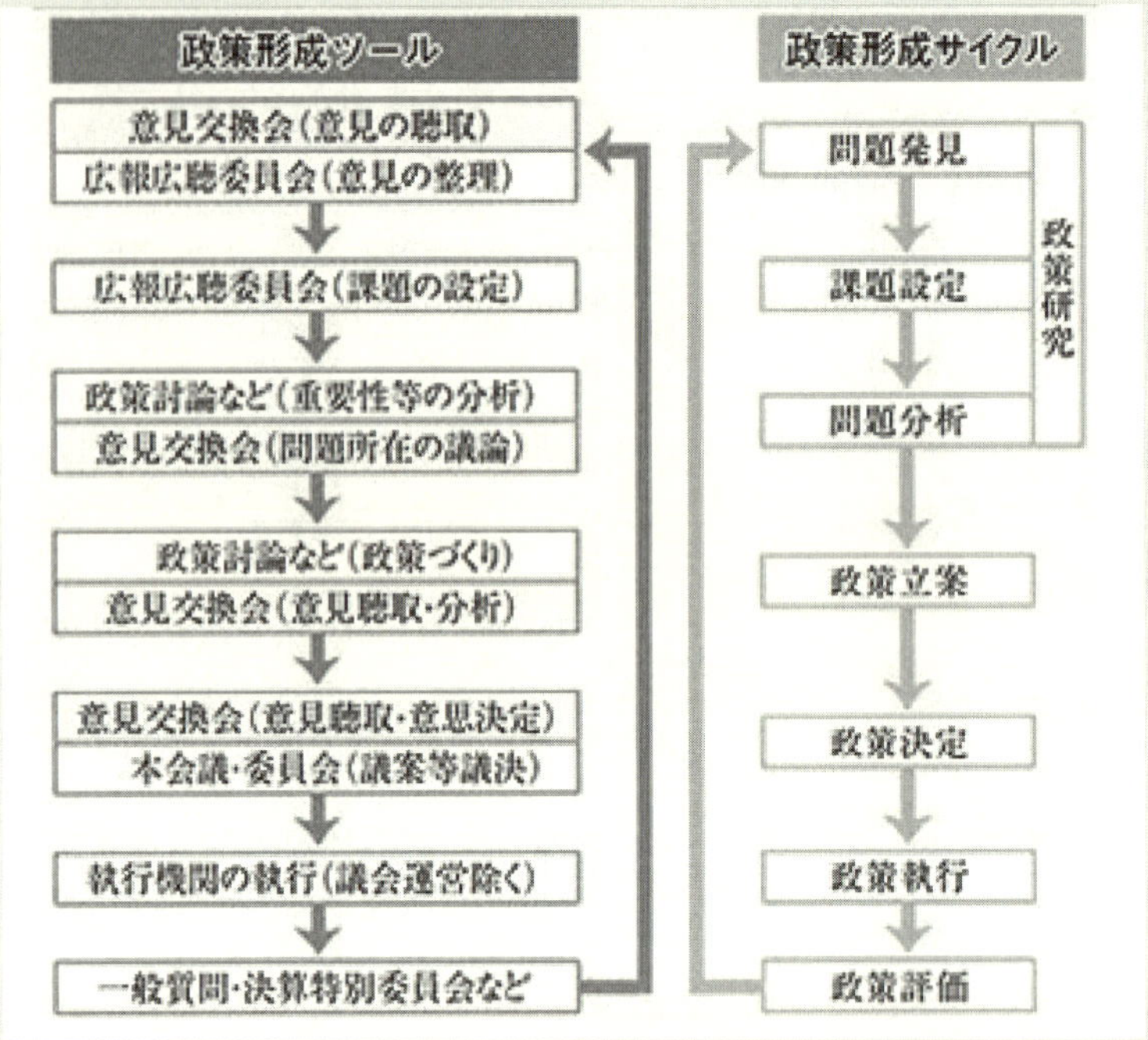

会津若松市議会の政策形成サイクル（図１）

政策形成サイクルの一環として行われる議員同士の討議。市民の声や調査の成果をもとに、意見を戦わせる＝２００９年10月会津若松市議会

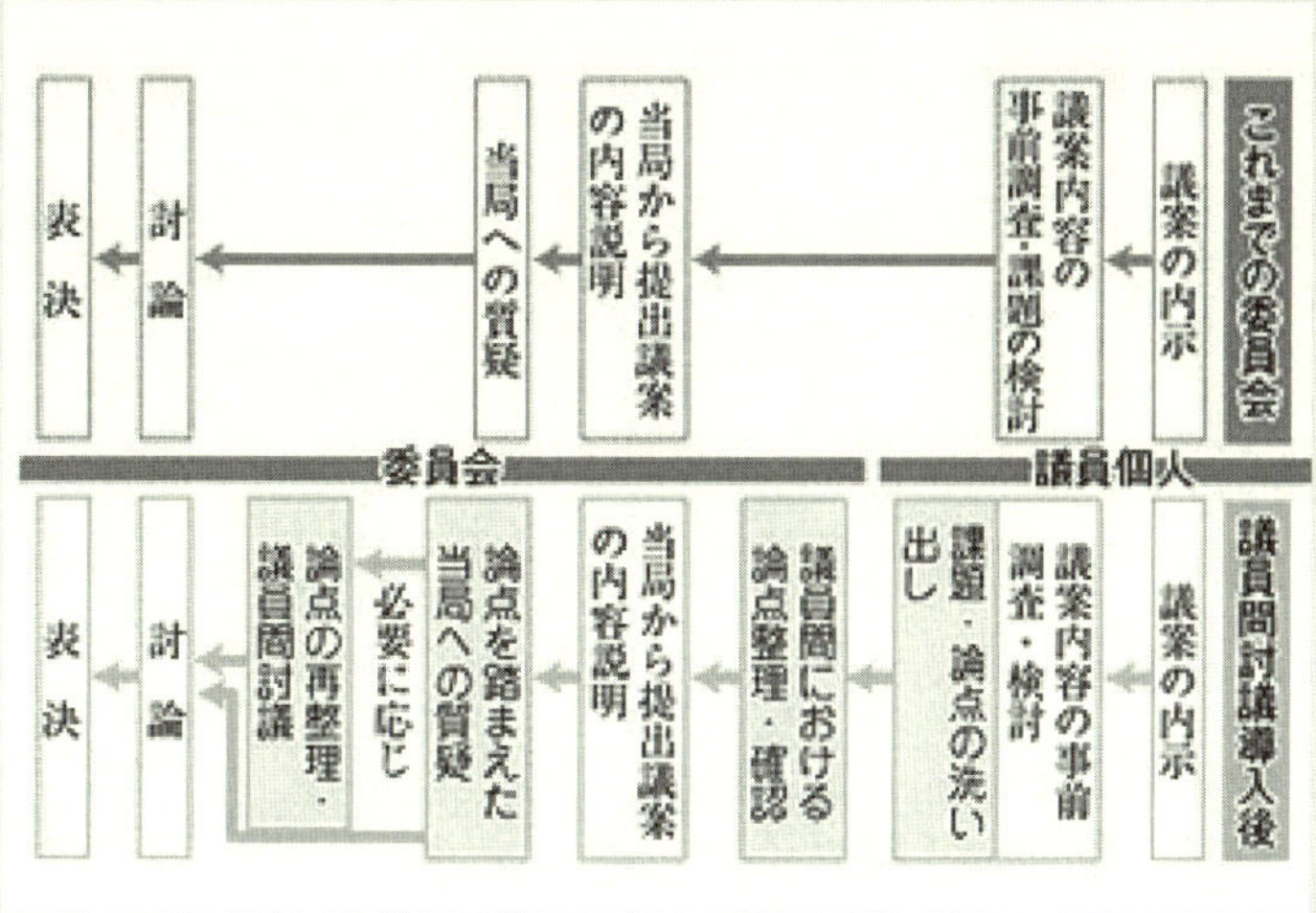

委員会審査における議員間討議の流れ（図２）

のあり方を話し合うのが先だ」「そもそも議会・議員活動の範囲はどこまでなのか」。報酬などを同規模自治体と横並びで決める議会が多い中、公募の２人を含む議会制度検討委は真正面から向き合った。

検討委は「議員報酬モデルは上限で年間８６０万円」とする中間報告を09年10月にまとめ、翌月の意見交換会で住民の声を聞いた。だが、それで終わりではなかった。10年５月に始まった意見交換会で再び取り上げた。政策決定に至る前も住民とのキャッチボールを行い、より良い結論を目指す。

政策形成サイクルは、08年６月に制定した議会基本条例に基づいている。「お飾り」で終わらせずに使いこなそうとした姿勢が、サイクルの構築に結び付いた。

昨年11月、全国の首長や地方議会を対象にした「マニフェスト大賞」の最優秀成果賞を受賞して間もなく、東京都八王子市議会が視察に訪れた。議長や議会運営委員ら16人。サイクルに欠かせない議員間討議に関心を寄せたらしい。運用方法や意義について熱心に尋ねた。

答弁役は広報広聴委員長の松崎新さん（50）。議員心理を突いてこう説明した。「執行部がいると議員は知ったかぶりをしがち。注意しないと、議論の本質に入らないまま採決に進んでしまう」

松崎さんは、常任委員会で導入した議員間討議の流れ（図2）も説明。執行部への質疑が中心だった従来型に比べ、「予習」の必要性が高まることを強調した。

議会基本条例がある限り、政策形成サイクルは回り続ける。「議会改革に終わりなし」を印象づける仕組みだ。

◎徳島県小松島市／仕分け／決算前倒し、事業精査

「これからの金の使い道なら真剣になるが、既に使った金の検証には力が入らない」―。前年度の予算の使い方や収支状況を点検する決算審査について、こんな本音を漏らす議員は少なくない。

多くの議会が形骸《けいがい》化した決算審査を続ける中で、徳島県小松島市議会は08年度、独自の「事業仕分け」を始めた。

行政の仕事が効率的に行われたかどうか点検し、結果を翌年度の予算編成に反映させる事務事業評価を導入。計画（ＰＬＡＮ）→実行（ＤＯ）→評価（ＣＨＥＣＫ）→改善（ＡＣＴＩＯＮ）を繰り返すＰＤＣＡサイクルの実現を目指した。予算編成に間に合うよう、実施時期も従来の12月から9月定例会に前倒しした。

具体的には（1）前年度の事務事業の中から調査すべき事業を選ぶ（2）選定事業につい

て執行部が自己評価を作成、議会に提出する（3）議員が個々に事業の必要性や効率性を評価し、全体の意見をまとめる（4）執行部に報告する―という流れだ。

議長の出口憲二郎さん（62）は「予算の執行権は市長にあるが、使い方をチェックするのは議会の役目。執行部に対する議会の監視機能や政策提言能力など、議会の権能を強化したかった」と狙いを語る。

09年度は、08年度に実施された全282事業の中から11事業を選定。議員全員で2日間話し合い、議会としての意見をまとめた。

たとえば、赤字のため一般会計からの資金借り入れが続く市営バスの貸切事業に対し、議会は「収支改善が不可能なら廃止すべきだ」と指摘。これを受けて、執行部は3月定例会で「経費削減や合理化を行う」という改善方針を示した。

08年度には市が主催する競輪事業の広告宣伝費について、議会は「削減を前提にした改善が必要」と報告。執行部は09年度、ラジオでの宣伝やファン送迎無料バスの運行を見直し、経費を約1700万円減らした。

議会の評価が新年度予算に反映されない場合もあるが、予算決算常任委員長の佐野善作さん（60）は「決算審査は収支の確認ではなく、事業内容の精査。議会が仕分けを続けていけば、執行部は必要性と効率性を重視せざるを得なくなる」と意義を強調している。

徳島県小松島市が主催する競輪場へのファン送迎バス。市議会の評価を受け、運行コストを切り詰めた

◎岐阜県多治見市／財務条例／破綻防止、市長にたが

計画の遂行を重視しすぎて財政が悪化したり、逆に策定した途端に引き出しの奥に追いや

られたり。多くの市町村が総合計画の取り扱いに苦慮している。そんな中、財政の視点から総合計画をコントロールしようという岐阜県多治見市の取り組みが注目を集めている。

多治見市は08年4月に「健全な財政に関する条例（財務条例）」を本格施行。財政の状況を独自に判断するための指標を定めた。国が地方財政健全化法で示した4指標と併せて財政運営の良しあしを一目で判断しようという試みだ。

独自指標は（1）借金の返済能力を表す「償還可能年数」（2）必要経費の融通度を表す「経費硬直率」（3）財源の留保具合を表す「財政調整基金充足率」（4）資金繰りの安定度を表す「経常収支比率」─の四つ。

財政破綻《はたん》の防止を目的とした地方財政健全化法が決算ベースでの財政状況を計るのに対し、財務条例は安定した中長期の財政運営に重点を置く。そのため、総合計画に書き込まれたすべての施策に必要な予算の総額をベースにして財政見通しを数値化している。

指標は財政状況を向上させるための目標値と、「この範囲内なら総合計画通りに施策を進めても大丈夫」という基準値の2本立て。補正予算を編成するたびに数値も計算し直して住民や議会に公表する。

数値が基準値を超えると、執行部は財政再建計画を議会に示さなければならない。

財政破綻した北海道夕張市では、過去の放漫経営のつけが現在の住民にのしかかっている。多治見市政策開発室は「市が現在抱えている負債は、将来の住民が支払わなければならない。このことを念頭に、制度設計に当たっては世代間の負担が公平となるようにした」と説明する。

さらに、総合計画に民意を反映させるため、市長任期と総合計画の実施期間を一致させる

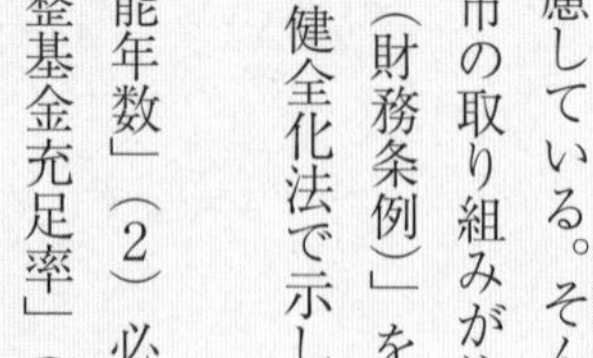

（図）。

総合計画の1サイクルは一般的には10カ年だが、多治見市の場合は8カ年。市長選が終わったタイミングで総合計画の策定に着手することで市長マニフェストと総合計画の整合性を図る。4年後の市長選を受け、今度は後期計画を見直すという手順だ。

この場合でも財務条例に基づく財政規律の維持がマニフェストに優先する。市長マニフェストが無条件で総合計画に盛り込まれて事業が肥大化することはない。

こうした取り組みによって多治見市では、総合計画に基づいた計画的な行政運営を徹底すると同時に、財政状況を無視して市長が暴走しない仕組みを確立した。議会は、基本構想に加えて基本計画も議決対象とすることで執行部をチェックしている。

多治見市の市長任期と総合計画

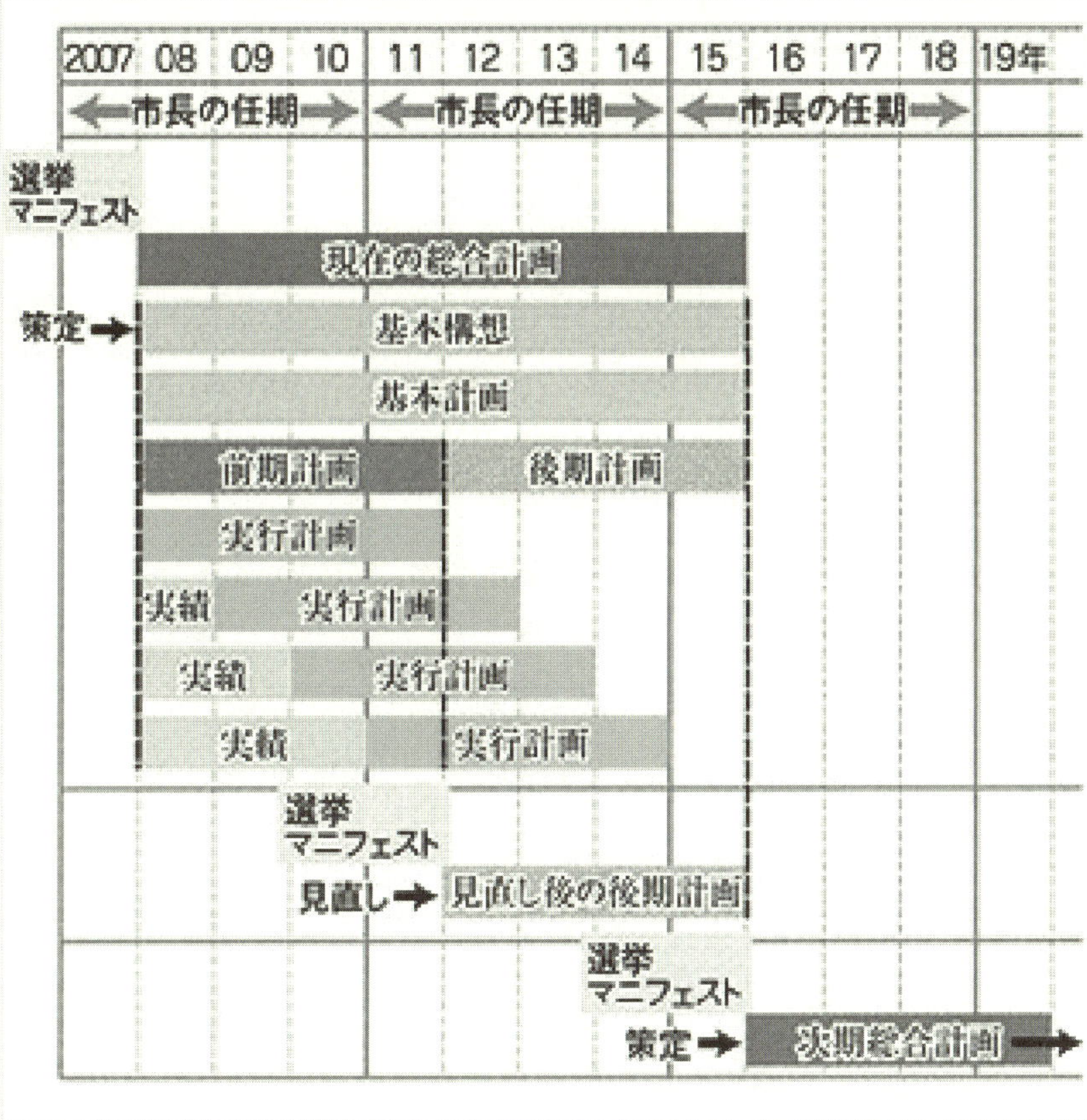

◎各地の先進的取り組み事例

〈北海道苫小牧市／市民参加条例（09年4月施行）〉

条例が規定する市民参加の対象は基本構想や基本計画、重要な条例の策定にとどまらない。市税や公共料金、施設使用料の設定・改定にも市民の参加を保証している。

先行自治体の大半は議会を対象外としているが、苫小牧市は議員定数の見直しや本会議、委員会の運営方針を決めるときにも市民の参加を義務付けている。

18歳以上の住民なら誰でも10人以上の連署で具体的な政策提案を行うことができる。提案された政策に対して執行部や議会は検討の後、3カ月以内に結果を公表しなければならない。

〈北海道福島町／議会参画奨励規則（09年4月施行）〉

議会傍聴のルールを一般に「傍聴規則」と呼ぶが、福島町議会は名称とともにルールも一変させた。

規則は「傍聴」を「議論を一方的に聴くだけではなく、議長の許可を受けて討議に参加すること」として傍聴席からの発言を認めている。傍聴者を議会への「参画者」、傍聴席を「参画席」と言い表す徹底ぶりだ。

本会議で参画者が議長に発言を求めた事例はまだないが、委員会では地元商工会が発行する地域商品券への補助金支出をめぐって関係者が発言し、議会の討論に加わったケースがある。

〈政策法務〉

自治体が自律的な政策の実現を図るため、法令の解釈を見直したり条例を制定したりして「わがまちのルール」を自主的につくる取り組み。地方分権の進展で広がった。法務に通じた職員の養成に力を入れる自治体も増えている。

〈宮城県栗原市／マニフェスト作成支援要綱（05年9月施行）〉

自治体の首長選挙や議員選挙にもマニフェストが浸透する半面、行政情報の入手が容易な現職候補と、そうでない新人候補で作成するマニフェストに差が生じるという課題が指摘されるようになった。

こうした不公平を解消しようというのが、この要綱。行政には提供できる保有情報の目録を作成する義務があり、新人候補が情報提供を申請したときは、積極的に協力しなければならない。

〈千葉県野田市／公契約条例（10年2月施行）〉

公共工事の削減で建設業者間の競争激化が社会問題となっている。各地で常識外れの低入札が相次ぎ、その結果、不良工事や賃金へのしわ寄せが懸念される事態だ。

条例は、市発注の公共事業は「受注先の労働者の暮らしに寄与するという責務もある」という考え方を表明して反響を呼んだ。

市と請負契約（公契約）を交わした受注業者は、下請けも含めた傘下の労働者に「市長が定める最低額以上の賃金を支払わなければならない」。この支払い義務を守らない受注業者には是正措置や契約解除の措置が講じられる。市による受注業者への立ち入り調査権も盛り込んだ。

〈岐阜県多治見市／是正請求手続き条例（10年4月施行）〉

行政や議会の決定や活動を住民が「適正でない」と考えたとき、是正するよう求める制度。住民利益を保護する視点から行政による不作為も請求の対象とした。

こうした請求は従来、行政不服審査制度にのっとって行われていたが、訴えの対象は行政処分に限られていた。そこで条例では、行政指導や一般的な苦情といった行政に対するクレームの一切について誰でも是正請求できるようにした。

是正請求があった場合、特段の事情がない限り「行政は速やかに執行を停止しなければならない」と規定するなど徹底して住民の側に立った条例になっている。

〈熊本県五木村／成果報酬制（10年4月施行）〉

人口1360人の山村が、議員活動に対する報酬の一部に成果主義を導入する報酬条例の改正で話題となっている。

一般議員の場合、月々支払われる定額報酬は17万円。さらに年度末には成果に応じて「優秀」なら51万6000円、「良好」なら25万8000円が支払われる。「普通」と判定されたら成果報酬はゼロだ。

成果を計る基準は（1）一般質問の内容（2）政策提言（3）地域活動への参加（4）議会改革への取り組み―など。議長が住民らから任命する評価委員が判定する。

5　二元代表制

「民主主義の学校」とも言われる地方自治の基本デザインが、大きく変わるかもしれない。ともに住民から選ばれた議会と首長が緊張関係を維持しながら競争し合う二元代表制。これを見直し、議会の一部が首長とともに「内閣」を構成する案が浮上している。二元代表制を正しく作動させようと改革に取り組んできた全国各地の議会には、困惑と反発が広がっている。

◎討論／「拙速な改廃論、首長専制許す」

自治体「内閣制」の導入検討に懸念を示す自治体議会改革フォーラムは10年3月27日、東京の法政大市ケ谷キャンパスで緊急フォーラムを開いた。改革に取り組む地方議会の関係者ら約130人が参加。市町村が策定する総合計画を例に二元代表制の意義を再確認した。「改革意欲を持って闘う首長にとってはいい制度」「自治体改革が進むのなら、どのような制度でも構わないのではないか」。会場からは内閣制導入を支持する意見も示された。

▲元自治事務次官の松本英昭さんも、会場から発言した

これに対し、山梨学院大の江藤俊昭教授は「首長が強大な権限を持った体制になる。自治の根幹は住民、議会、首長の3者が同じ空間で議論すること。『水戸黄門』の登場に期待するのは自治ではない」と指摘。

さらに「今までは、議会と首長の対立を水面下で片付けていたため、二元代表制が正しく作動していなかった」と述べた。

北海学園大の神原勝教授は（1）自治のモデルをいまだに欧米に求める後進性（2）生煮えの制度を十分な検討なしに導入しようとする拙速性（3）議会による改革の取り組みを直視しない独断性―を挙げて「怒りを禁じ得ない」と語った。

近年、市町村の総合計画を議決事項に追加し、自治体運営に責任を果たそうとする議会が増えている。その一方で今国会に提出されている地方自治法の改正案では、総合計画の上位に位置する基本構想の策定義務が廃止される。

フォーラムでは、この問題を手掛かりに二元代表制の在り方を探った。

議会改革のトップランナーとされる北海道栗山町議会では、総合計画を策定する際の住民、議会、首長、職員のかかわり方を明文化する「総合計画条例」を策定中だ。

「二元代表制が本来予定している自治体運営への住民参加を実質化させる」

「二元代表制を踏まえた議会改革の流れを止めてはいけない」と訴えた緊急フォーラム

（神原教授）という。

首長マニフェストと総合計画、議会による議決の三つが連動する仕組みをつくった西寺雅也・前岐阜県多治見市長は「議会が抑止しなければ、マニフェストを掲げて当選した首長は専制君主になる」と発言。

「総合計画に盛り込まれていない施策は予算化できないといった厳格な運用と議会のチェックが均衡の取れた自治を実現する」と主張した。

旧自治省の松本英昭元事務次官は、基本構想の策定規定を自治法に盛り込んだ経緯などを紹介。自治法は本来、多様で自由な選択を保証していることを強調して「現行制度を使いこなすことによって議会の活動は十分広がる」と説明した。

現行の二元代表制

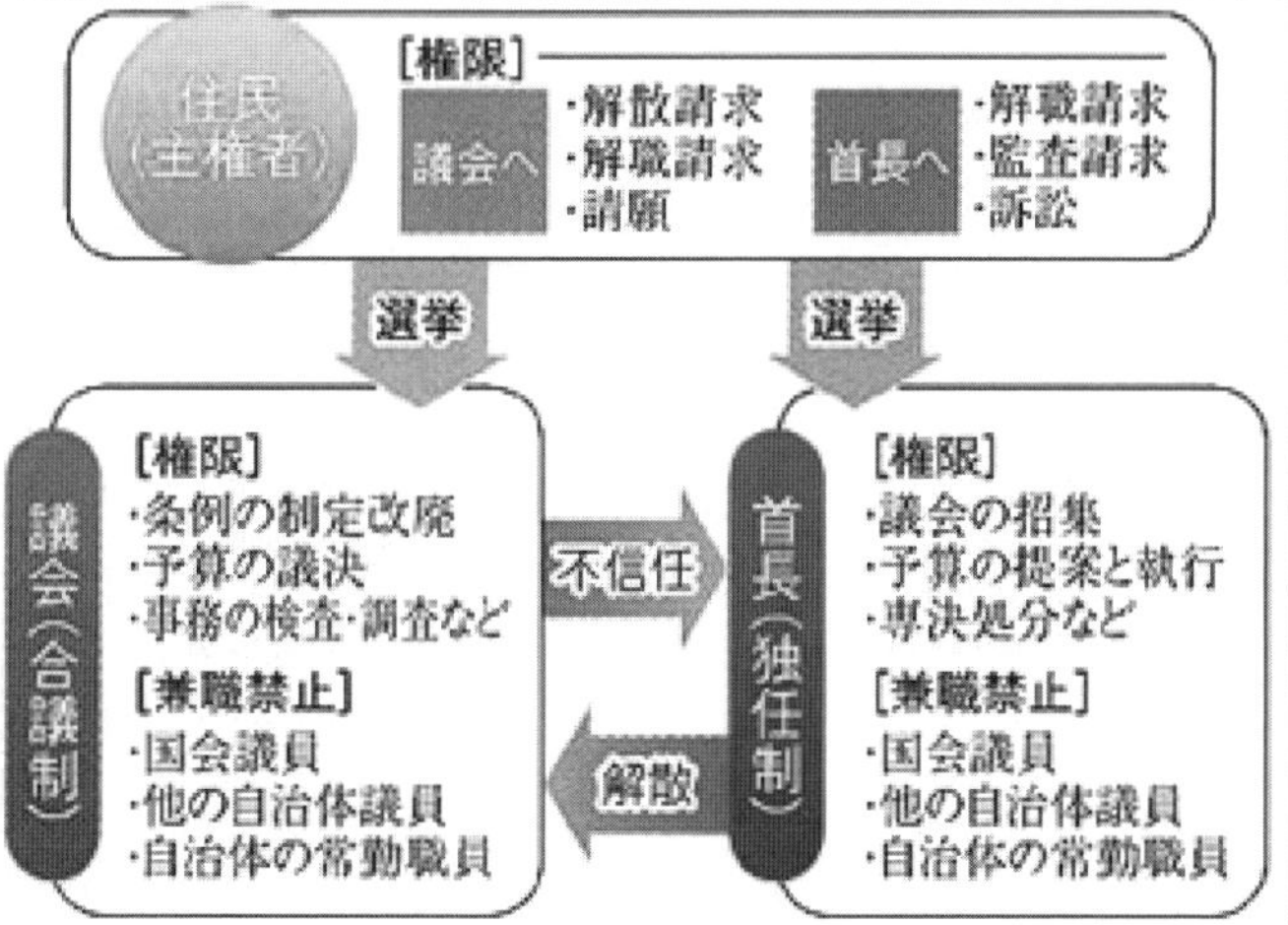

自治体「内閣制」のイメージ

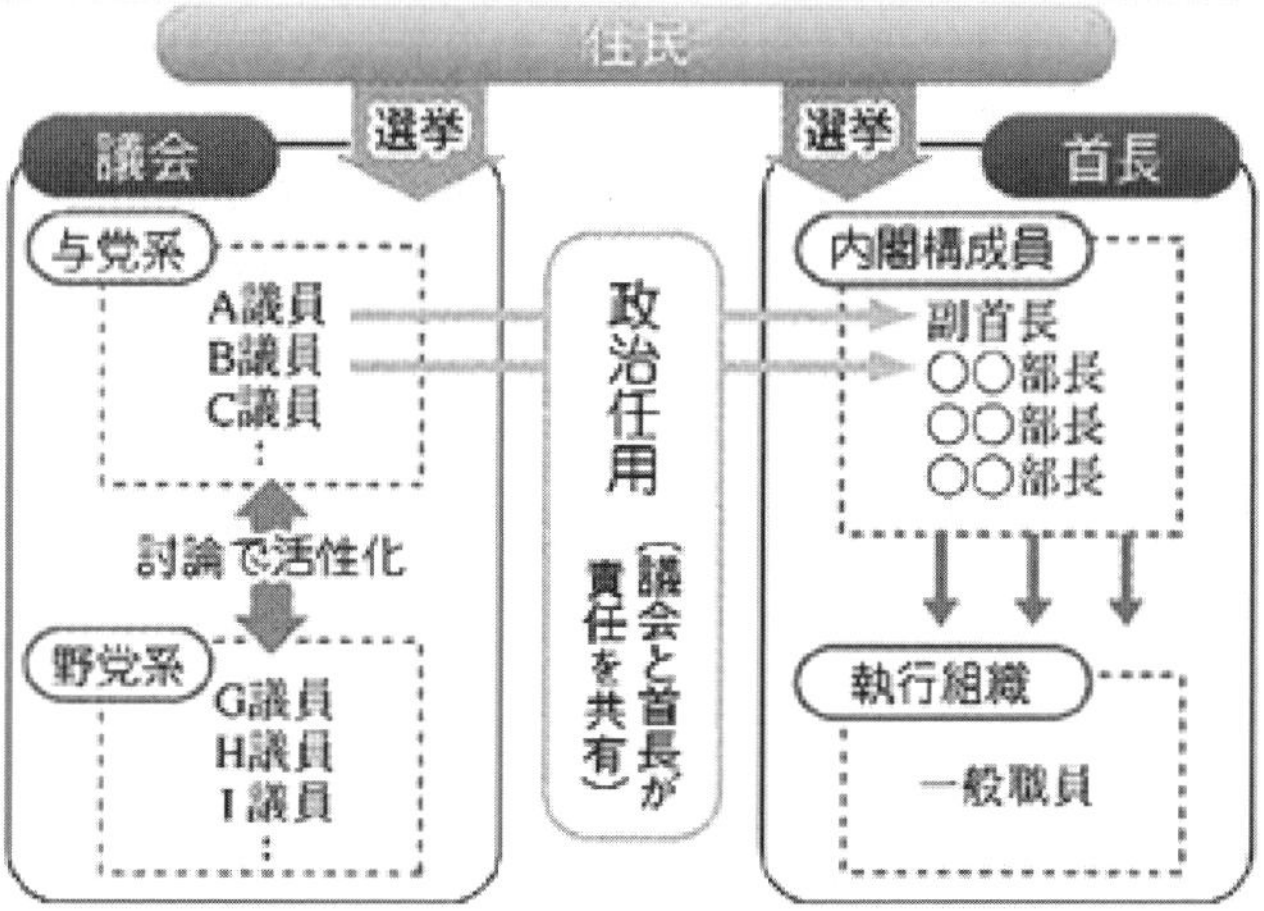

◎検討進む「内閣制」／議員が行政責任共有

地域主権改革を「政策の一丁目一番地」と位置付ける鳩山由紀夫首相の肝いりで10年1月に発足した地方行財政検討会議（議長・原口一博総務相）。地方自治法を抜本的に見直し、早ければ11年3月にも一部改正案を国会に提出する。

現行の二元代表制は、ともに住民から選ばれた議会と首長が、それぞれ権限を行使しながら、権力の分立と抑制・均衡を図る仕組み（上図）。「機関対立（競争）主義」とも呼ばれる。だが、検討会議に配布された資料は二元代表制について「議会と首長が対立して住民の意見が適切に反映されず、効率的な事務処理が阻害される」と指摘。英国の一部自治体で採用されている「公選首長・内閣制」をモデルにした新制度の導入検討が始まった。

発案者の橋下徹大阪府知事は「首長と議会が地域経営の入り口（予算や政策の決定）から出口（執行、効果の検証）までを協働し、責任を共有する仕組みが必要」と強調し「機関融合主義」に組み替えるよう主張している。

具体的には、議会の推薦を受けた議員を特別職や幹部職員に政治任用して内閣を構成する（下図）。議員の兼業禁止規定（自治法92条の2）は廃止。公選法も改正し、首長と議員の任期を統一する。

首長とともに政策立案に携わる与党系議員と、行政監視に専念する野党系議員に分かれるため、議会の議論も活性化する。国政と同様に地方議会でも二大政党化が進む可能性がある。

検討会議に設置した分科会が10年3月18日に初会合を開き、検討作業が本格化した。分科会には東北大公共政策大学院の牧原出教授が加わった。このほか東北からは、検討会議の委員に達増拓也岩手県知事と奥山恵美子仙台市長が名を連ねている。

◎改革の現場から

〈現制度を使いこなせ／中尾修　北海道栗山町議会前事務局長〉

栗山町議会が06年に全国で初めて議会基本条例をつくったのは「議会はこう活動します」と住民に約束するためだった。この動きは全国に広がっている。議会は一つの塊として住民の前に登場し、責任を負う時期に来ている。

執行部には、議会が活性化することに強いアレルギーがある。議会が動けば動くほど執行部とのあつれきも大きくなる。これが二元代表制の良いところであり、ここを乗り越えて住民の関心が高まれば、本当の自治が始まる。

内閣制の議論を受けて「国の制度が変わるまで様子を見よう」と改革を先延ばしする議会が現れることを懸念している。制度改正を求める前に、まずは今ある制度を使いこなして改革する気概が必要だ。地方のことは地方で決めさせてほしい。

〈厳しい判断示せるか／大同衛　京都府京丹後市議会議長〉

京丹後市議会は、年4回の定例会が終わるたびに住民に対して議会報告会を行っている。議員は自分の意見を説明しなければならず、よく勉強するようになった。議会全体の責任感も増し、議案を黙って通す議会ではなくなった。市の総合計画

中尾修氏

大同衛氏

は100時間近くを費やして審議し、100項目以上の追加、修正を行った。

議長が首長の思いをくんでスムーズな議案審議を心掛けた時代も確かにあった。だが、自治体の財政は厳しく、ときには住民に負担を強いることもある。首長と議会がなれ合うような自治体「内閣制」で、このような厳しい判断を示せるだろうか。

全国すべての自治体の首長に、完全に合理的な人間が選ばれるという保証がない限り、二元代表制を守るべきだ。

〈機能発揮へ「対立」を／三谷哲央　三重県議会議長（全国都道府県議会議長会副会長）〉

三重県議会は、09年の12月定例会から執行部が委員会に配布した資料もインターネットで即時公開している。オープンにすることで県民も議論に参加できる。執行部は難色を示したが、議会の判断として押し切った。

政府の地方行財政検討会議は、二元代表制の現状を「首長と議会が対立して住民の意見が反映されない」としているが、これは首長目線の危険な考え方だ。

「対立」ではなく「癒着」だったから議会の権能が十分発揮されず、住民の意見が適切に反映されて来なかった。多少対立する議会の方が、住民にとっては頼もしい。

三谷哲央氏

自治体マネジメントの視点だけで二元代表制を否定していいのだろうか。首長と議員が上下の関係になれば、議会による監視も評価も議決も意味を成さなくなる。

◎予算参画、意識改まる／石田芳弘　民主党衆院議員

愛知県議を経て愛知県犬山市長時代には「改革派首長」と称された石田芳弘・民主党衆院議員（愛知6区）に自治体「内閣制」のメリットを聞いた。

議会で質問しかできない議員に飽き足らなくなって市長を目指した。市長になったら、自分の考える政策が実行できる。市民代表としての充実感があった。全国の首長は「議員は言うだけで何もできない」と思っている。

これに対して欧米の多くの自治体は、議員が執行部の幹部職員に就いている。予算編成に携わらない議員が、主権者から負託された住民の代表と言えるだろうか。

議員が集まると8割は選挙の話になる。首長は政策の話が8割だ。しかし、民主党は政権党になって議員が変わった。政治主導で行政を変えることに挑戦している。地方議員も与党として執行部に入って予算をつくれば変われる。

二元代表制を守って議会改革を主張する意見もあるが、そんなまどろっこしいことをしているより、議員が行政をやった方が議会改革は進む。

憲法には、議員が行政をしてはいけないとは書かれていないのだから、地方自治法や地方公務員法を改正すればすぐできる。

石田芳弘氏

◎オール与党こそ問題／自治体議会改革フォーラム代表・法政大教授　広瀬克哉氏

〈反発鈍く残念〉

二元代表制の在り方が問われているというのに自治体「内閣制」の導入議論には、今のところ賛否ともに反響が少ない。内閣制を疑問視する側からの反発も、残念ながら鈍いのが現状だ。

名古屋市では河村たかし市長が「議会改革を断行する」と言って定数や報酬の削減、議員のボランティア化を提案した。内閣制も改革派首長による提案だが、あまりにインスタントな解決策と言わざるを得ない。

これまであまり注目されていなかった内発的な議会改革の動きをもっと発信し「二元代表制をきちんと機能させることこそが最優先ではないのか」と訴える必要がある。

広瀬克哉氏

〈討議の場漸進〉

例えば、改革を確実に進める手段として議会基本条例を制定した議会が全国で１００を超え、全国的な広がりを持った動きになっている。

首長提出議案は従来、99・9％が原案通り可決されてきたが、10年の2、3月定例会では新年度予算案を議会の判断で修正するケースが目立った。討議の場としての議会は、少しずつだが着実に機能し始めている。

二元代表制の問題として政府は、首長と議会の対立を挙げている。しかし、独任制の首長と合議体の議会による見解の相違を「混乱」「紛糾」と決めつけるのは正しい判断だろうか。

むしろ、二元代表制を機能不全に陥らせている原因は、首長との緊張関係を失ってオール与党態勢となっている議会にこそある。表に出ずに行政に働き掛けて政策を実現させるのが

「実力派議員」だとする行動様式が一番の問題だ。

〈英国では不評〉

「二元代表制では、首長マニフェスト（公約集）の実現が妨げられる」という指摘もある。首長マニフェストを予算や条例にして実行するには議会の議決が不可欠である以上、開かれた公の場で議論する姿勢が重要だ。

自治体「内閣制」のモデルは英国の地方政府制度とされる。しかし、英国でこの仕組みを採用している自治体は06年5月現在でわずか12しかない。英国で不人気な制度が、なぜ今の日本で提起されているのか疑問を感じる。

どんなメニューが議会改革を伸ばし、逆に足を引っ張るのか。今後の地方自治法の改正論議は、この点に留意して見ていかなければならない。

6 対論

「変わらなければならない」と分かっていても、その方向性や手法を見つけられずに立ちすくむ地方議会は、まだまだ多い。議会の未来像はどうあるべきなのか。「果たすべき役割とは」「住民の声生かすには」の二つの視点で論客4人に持論を展開してもらった。

◎果たすべき役割とは

〈行政監視に特化せよ／明治大政治経済学部教授　中邨章氏〉

日本の地方自治制度を、議会と首長が対等な関係で競い合う「二元代表制」ととらえるのが、そもそも間違っている。首長の力が圧倒的に強い「強首長制」が現実だ。

その証拠に首長は、予算編成権、議案提出権、首長部局の人事権を持っている。議会に対しても再議権、招集権に加え、議会予算の執行権、議会事務局の人事権まで握っている。議会を取り巻く制度自体が、立法などできない仕組みになっているのだから、議会は独自に条例をつくりたい、政策を立案したいなどと甘い夢を描いてはいけない。

例えば、東北で最も政務調査費の多い仙台市議会でも、その額は議員1人当たり月額35万円だ。本気で政策立案するのに、この額でできるわけがない。さらに、いずれ首長部局に戻る議会事務局の職員が、議会のために仕事をするわけもない。

この際、議会は行政の監視に機能を特化すべきだ。

地方分権の進展で権限が下りてくるのは首長であり、議会や住民ではない。首長の力は一層強化される。このとき議会がしっかり監視しないと、強大な権限を握った首長の暴走が始まる。

教育委員会など各種行政委員会の委員会規則は、必ず最後に「委員長の判断で非公開とすることができる」との条文がある。行政の会議が非公開など海外では聞いたことがない。こうした透明性と説明責任に欠ける行政に風穴をあけるのが、議会の役割だ。そのために地方自治法１００条の調査権を、活用すべきだ。百条委員会と聞くと、何か不祥事の発覚を連想しがちだが、もっと柔軟に考えたらどうか。

どうしても立法府を目指したいと言うのなら、それなりの覚悟と整備が必要になるだろう。議会事務局の人事権を議会が握り、スタッフも独自に採用しなければならない。単独では無理でも一部事務組合や広域連合をつくれば可能だ。

議会のことを住民に分かってもらう努力も足りない。住民の関心を高めるため、一律の報酬を改め、選挙の得票に応じた額にする方法を提案したい。1票10円で3万票なら30万円、

〈なかむら・あきら〉
カナダ・ビクトリア大講師などを経て現職。専門は政治学、行政学。「自治体主権のシナリオ」など著書多数。南カリフォルニア大大学院博士課程修了。１９４０年、大阪市生まれ。

5000票なら5万円の報酬だ。投票率も確実に跳ね上がる。

ランダムに選んだ住民で議会評議会をつくり、議員と一緒に審議する方法もある。質問を書き連ね、請願・陳情の審査結果を載せているだけの議会だよりなど誰も読まないが、評議委員の率直な感想を載せれば、関心は高まる。

欧米の議会は、数人の議員と住民が自由に議論を繰り広げている。日本も、国会のまねばかりして形式主義に陥った議会の風通しをよくし、ざっくばらんな雰囲気を醸し出すことが何よりも大切だ。

〈政策提案、存在感示せ／月刊「ガバナンス」編集長　千葉茂明氏〉

わたしが地方議会の取材を始めた98年は地方分権一括法の施行前で、新しいことをやる議会は極めて少なかった。

しかし、今は「改革は当然」と言う議会が増えた。存在感を発揮しないと議会不要論に対抗できないと知り、自らの役割を率先して問い直す時代になった。

議会が活性化すれば、住民にとってもまちづくりの幅が広がる。首長は一つの案しか出さないが、議会は複数の案を示せる。住民は多様な選択肢の中から町の将来を考えられる。これを始めたのが北海道栗山町議会や会津若松市議会だ。

「議会は立法より首長の監視に徹するべきだ」という意見もあるが、監視だけなら外部監査を強化すれば済む。

議員の多くはまちづくりにかかわりたくて政治を志したはずだ。執行部の事業を評価し、住民の意見を聞きながら政策提案してこそ、やりがいも生まれる。

議会にふさわしい政策提案として、例えば執行部がやりたがらない条例、複数の部局にまたがる条例などが考えられる。

島根県議会は、中山間地集落を支援するための条例を議員提案で制定した。「金がかかる」と煮え切らない執行部に対し、議会が「自分たちでやろう」と動いた。

鳥取県議会は「県の借金残高を増やさない」という意見書を採択した。これによって県の予算編成の方向性が定まった。

予算の編成権や執行権を持たない議会が、予算の裏付けが必要な条例をつくるのは確かに困難。その辺のルールはまだ確立されていない。それでも首長は、議会が決めた条例を実行しなければならない。議会の総意が執行部を動かす。

「議会には力がないから執行部に任せよう」と言う議員もいるが、これはやらないための言い訳だ。外部の専門家の力を借りるなど、いくらでも工夫できる。

ただ、最低限の条件整備として議会事務局の体制強化と、議会予算の編成権を議会自身が握ることは必要だろう。

政府の「地方行財政検討会議」で、議員の一部を執行部の幹部職員に任用する自治体「内閣制」の導入が検討されている。議員が首長の部下になる仕組みであり、これでは執行部の監視すらできなくなる。

「議会は自治体改革にとって邪魔な存在」と考えている首長もいるようだが、どんなに人気のある首長でも住民全員が支持しているわけではないし、首長が暴走しない保証もない。

議会が対等な立場から首長を監視する二元代表制を十分機能させるのが民主主義だ。

〈ちば・しげあき〉月刊「ガバナンス」誌上で「議会改革リポート変わるか！地方議会」の連載を担当。紹介した議会は100を超える。早大卒。1962年、岩手県大東町（現一関市）生まれ。

議会はもっと可能性を発揮してほしい。議会基本条例の理念を生かし、どんどん政策を提案することが、地域の自治を切り開く。

◎住民の声生かすには

〈定数と報酬、まず削減／名古屋市長　河村たかし氏〉

議会改革は名古屋市政改革として掲げた3本柱の一つ。議員1人当たり年間約1500万円の報酬と75の定数を半減する方針を決め、条例案を議会に出したが、2月定例会と4月臨時会の2度、否決された。

表決は賛成1、反対73だった。党派を超えて「集団的自衛権」を行使した。こんな議会は変えないといけない。

そこで議会の解散請求を規定した地方自治法第76条の出番となる。請求に必要な署名集めは参院選後にも始まるだろう。

そもそも議会は何のためにあるのか考えてほしい。政治とは税を課す権力者と納税者との闘いであり、議員は納税者の側に立つべきなのに、そうなっていない。収入が税金で保障され、特権に甘んじている。これでは民主主義の仮面をかぶった王様だ。

庶民が地獄の苦労をして税金を払う一方、税で食っている議員は極楽な身分。「議員になること、議員でいること」が最大の目的となり、議員職が家業になっている。役人との癒着も進む。居心地がいいから誰も現状を変えよう

〈かわむら・たかし〉
衆院議員を5期務めた後、2009年4月、名古屋市長に初当選。議員特権の廃止が持論。著書に「この国は議員にいくら使うのか」。一橋大卒。1948年、名古屋市生まれ。

としなくなる。

議決権という巨大な権限を握る議会と妥協する首長が多い中、福島県矢祭町の根本良一前町長は英雄だ。議員の待遇に手を突っ込み、報酬を日当制にした。

矢祭町のように、議員はボランティアとすべきだ。まるっきりの無給というのではない。住民並みの報酬にするということだ。

ボランティア化すると「議員のなり手が時間と金に余裕のある人に限られてしまう」と言う学者がいるが、これは大うそ。議員になって「これをやりたい」という意欲を持つ人はたくさんいる。

目的意識のはっきりした人がボランティアで1期か2期務め、次々に代わっていく形が望ましい。議員職と本業が両立できるよう、夜間や休日に議会を招集すればいい。

議員ボランティア論を形にしたのが、「地域委員会」だ。市内8カ所のモデル地域で動きだした。

地下鉄などオール名古屋のことは市議会、地域のことは地域で話し合ってもらう。10人前後の住民委員が最大1500万円の「地域予算」について使い道を話し合う。

ポイントは選挙で住民委員を選ぶこと。これは革命だ。議会は自分の足元が脅かされることを心配して猛反発したが、選挙にしないと地域ボスや議員の後援会幹部が牛耳る組織になってしまう。

委員になった住民は目を輝かせて奮闘している。地域委員会は、いわば民主主義のつくしんぼ。「お上と下々」の関係を百八十度変える。住民に自立心が芽生え、地域愛も生まれる。

住民が主体となった真の住民自治をつくるため、市域全体に地域委員会を拡大させたい。

〈自己満足の改革ノー／む・しネット事務局　寺町みどり氏〉

現状を変えようとする河村たかし名古屋市長の姿勢は評価できるが、方向性がはっきりしない。

議会が住民の代表である以上、誰が議会改革をしても構わない。首長が変えるのも「あり」だ。

とはいえ、「報酬や定数を減らす」という主張には「誰のために、何のために」という議論が抜け落ちている。議会の在り方を決めることができるのは、主権者である住民自身だ。

議会で満足にできない政策論議が地域委員会ならできるというのも矛盾している。しかも、地域委員会は位置づけが明確でなく、意思決定権もない。女性、高齢者、子ども、マイノリティーの抱える困難を縦割りの地域で解決することは難しい。政策課題で横につながるシステムが必要だ。

河村市長の考える「庶民」は、自分にとって都合のよい庶民ではないのか。意見の異なる人が排除される可能性もある。

〈てらまち・みどり〉旧岐阜県高富町議を1期。「女性を議会に　無党派・市民派ネットワーク（む・しネット）」を設立。著書に「市民派政治を実現するための本」。1952年、岐阜県大垣市生まれ。

議会の意見が自分と違うからといって「議会を丸ごとリコール（解散請求）する」と河村市長が言うのもおかしい。直接請求権は、首長ではなく住民が有する「参政権」だ。

今回のリコールは、議員を入れ替えてイエスマンを増やす狙いがあるのではないか。そうなれば首長は議会の監視を受けず、説明責任を免れる。

丁寧に議論して決定するプロセスが議会制民主主義。首長と議会は、お互い言論で相手を説得すべきだと思う。

自治体の基本は「住民の福祉の増進を図ること」と法に明記されている。この基本に立てば、首長と議会が対立することは多くないはず。対立するのは、住民を置き去りにして自分たちの既得権を守ろうと動くからだ。

「議会への住民参加」とされる議会報告会も、事後報告では住民が蚊帳の外に置かれていることに違いはない。

自治体の意思決定や執行のシステムを住民自身が議論して決めることが大切であり、住民が公式の意思決定の場である議場に入って議論する仕組みが必要だ。どんなによい改革でも、首長と議会だけで決めれば「住民不在」になる。

さらに、明確な意思を持った住民が議員になれば、議会は中から変えられる。法や制度を根拠に、議員に与えられた権利を徹底的に行使すれば、一人であっても大きな成果を挙げられる。

私たちは、既得権や既存組織の利害に関係なく、住民のために働く議員を「無党派・市民派」と名づけ、市民派の女性議員を増やす活動を展開している。

住民も直接民主主義の手法を駆使してダイレクトに自治体を変えることができる。「自治」は与えられるものではない。誰かが動けば動いた分だけ変わっていく。そのプロセスこそが「住民自治」ではないだろうか。

エピローグ

（2010年6月19、20日掲載）

1　切磋琢磨／北の両雄、新たな地平

〈責任と覚悟と〉

地方議会改革は、しばしば「東高西低」と言われる。北海道栗山町議会と会津若松市議会の存在が大きい。この高みに立つ二つの議会が10年5月、一堂に会した。会津若松市議会の議場で2日間、ぶっ通しで話し合った。改革の実践、新たな挑戦、そして、あすの自治を――。

地方自治法の施行から63年。自治体経営に責任と覚悟を持つ議会が、ついに現れた。それが栗山町議会だ。

行政に任せきりだった総合計画に、議会も深くかかわっていくと決意した。総花的だった旧来の計画と決別し、財政規律を優先させる。策定から運用まですき間なく目を光らせ、計画にない事業は認めない。

町は財政破綻《はたん》した北海道夕張市に隣接する。夕張の惨状を自分の目で見た住民の衝撃は計り知れない。「まちづくりより何より、今は財政だ」と議会は腹をくくった。

〈高度な提言力〉

会津若松市議会は、創意工夫で議会も高度な政策提言能力を持ち得ることを証明した。これまでに市営団地への小学校移転計画や議員報酬など多様なテーマと向き合ってきた。住民の声を聞く意見交換会を起点にして課題を設定。議員間討議を繰り返して政策にする。一連の政策形成サイクルでは、広報広聴委員会、政策討論会といった独自の組織や仕組みが存分に役割を果たす。

執行部の提出議案を話し合う「通常モード」と、議会が自ら設定した課題を討議する「改革モード」。二つの機能を巧みに使い分ける。

栗山町議会は、一瞬にして会津若松市議会の改革の本質を見抜いた。「住民の意見を形にするルートができている」

〈力の差広がる〉

栗山町議会になくて、会津若松市議会にある「会派」。その是非をめぐって「議会論」も交わされた。

「会派があると議会の合意形成は難しいはず。仮にできたとしても妥協の産物にならないか」。栗山町議会が尋ねた。

「いや、議員同士で徹底的に議論すれば、必ず一つの方向性を見いだせる」。自由討議を実践する中で会津若松市議会はこう実感した。会派間の壁は確実に低くなっている。

2日間の熱論を栗山町議会議長の橋場利勝さん（65）は「改革は道半ば。議会がやるべきことはまだ多い」と締めくくった。会津若松市議会議長の

築70年余の議場で向き合う会津若松市議会（奥）と北海道栗山町議会。「終わりなき改革」を誓った
＝2010年5月20日、会津若松市議会

田沢豊彦さん（57）も「次のステージへ道は始まったばかりだ」と応じた。

「議会改革」というトレンドに勢いをつけた栗山町、会津若松市の両議会は切磋琢磨《せっさたくま》し、先へ先へとひた走って行く。

トップランナーが走り去った後には「議会格差」という新たな格差が生まれつつある。つまりは、自治の力の差。格差がもたらす結果を引き受けなければならないのは、そこに暮らす住民にほかならない。

2　原点回帰／「討論の広場」住民と

〈まず反省の弁〉

改革の出発点は、ほろ苦かった。

「市民との間に大きな認識の隔たりが生じている。議会は、その反省に立ち、襟をただして…」

塩釜市議会は議会基本条例の前文に、こんな文言を挿入する。

「反省の弁から始まる条例なんて聞いたこともない」。まゆをひそめる議員もいた。が、提案議員の嶺岸淳一さん（62）は引かなかった。「現実から目を背けずに改革を進めるため、この一文がどうしてもいる」

塩釜市議会は10年3月、住民2000人を対象に意識調査を実施した。「議会情報に触れたことがない」72・3％、「議員の活動を知らない」70・6％。そして回答の半数以上が「もっと住民の声を聴いてほしい」と迫った。

塩　釜　市	
人　　口	約5万7700人
議員定数	21
議員報酬	40万9000円
政務調査費	2万円／月

議会基本条例に全国一律の取り決めなどない。必要なのは「住民のために議会は生まれ変わる」という決意ひとつ。「住民と議会の距離がなくなった日、堂々とこの一文を削除すればいい」と嶺岸さんたちは誓う。

7月下旬には、検討途中の条例について意見を聴く住民説明会を開く。「固まった素案を示すのではなく、住民と一緒につくりたい」と議会は考えた。「住民と議会の距離がなくなる日」に向かって、最初の実践だ。

〈首長を向かず〉

気仙沼市議会でも議会基本条例づくりが進む。条例を住民と議会の架け橋にするため、かつての経験を生かそうとする7人の議員がいる。みんな、以前は隣町の議会関係者だった。

昨年9月、気仙沼市に吸収合併された7人の地元、宮城県本吉町。ここに、忘れてはいけないもう一つの出発点がある。

改革を志す議会なら行って当然の議会報告会は01年、本吉町で始まった。住民との対話こそが議会の使命だと確信した議会事務局長が、ひとり、制度を練った。

その人、阿部勝造さん（67）を訪ねた。

「議会が住民の中に飛び込んで行くのを当時、執行部は快く思っていなかった。だが、議会は首長ではなく住民を向かなければならない」

〈東北発の誇り〉

県内外から視察は多かったが、実際に取り組む議会はほとんどなかった。北海道栗山町か

◎大震災被害状況（2011年6月末現在）

死者	45人
行方不明者	2人
避難者数（ピーク時）	8757人
浸水面積（住宅地・市街地の浸水率）	6平方キロ（38%）

らはるばる訪れた議長ら3人だけが「改革の切り札になる」と直感し、住民との対話に乗りだした。

本吉町議会に学ばなければ、栗山町議会が改革のトップランナーに躍り出る日は来なかった。そして今も、本吉町が手本であったことを公言してはばからない。

「やってきたことは間違いじゃなかった」。議会報告会が全国へと広がるまでに要した10年の歳月をかみしめるように、阿部さんがつぶやいた。

議会改革の最初のひとしずくは、わたしたちの東北に発した。この事実をこころに刻み、新たな歩みを始めたい。それぞれのまちの議会を住民が集う「討論の広場」にし、自治を守り育てていくために。

塩釜市議会に届いた住民意識調査の回答用紙（右）と旧宮城県本吉町の議会報告会（左）。住民と向き合うことで議会は生まれ変わる

あとがき

惰眠をむさぼったまま退場するか、それとも自己変革して生き残るか。地方議会はいま、重大な岐路に立たされている。

名古屋市や鹿児島県阿久根市では、首長との対立を深めた議会が、既得権にしがみつこうとした結果、住民にそっぽを向かれ、解散へと追い込まれた。主権者である住民の地方議会に対する不信感はここに極まった。わたしたちが日々取材のフィールドとしている東北にも、名古屋市議会や阿久根市議会の「予備軍」は確かにある。

多くの議会が根拠のない権威にあぐらをかいているのは事実だが、だからといって住民の代表機関に不要論を突き付けることが、本当に望ましい選択なのだろうか。「地方議会とは何か」を問い直し、あるべき自治の姿を再定義したい。わたしたちの取材は、こうした問題意識から始まった。

世間の冷ややかな視線にも慣れきった地方議会ではあるが、近年、改革の糸口を自らが寄って立つ住民との「対話」に見いだそうという動きが起きている。対話によって培った住民の信頼を力にして自治体経営に乗り出した北海道栗山町議会や、対話の中から地域課題を探り出して政策へと昇華させるシステムを確立した会津若松市議会は、改革のトップランナーと称される。

後続の地方議会も、住民の視線におそれを抱きながらも勇気を振り絞って議場から飛び出し、住民とともに自己変革の道を歩み始めた。こうした改革の胎動を追う中でわたしたちは、自治の要諦を学んだ。すなわち、ある日突然、有能な首長が登場し、地域に山積する問題を一気に片付けてくれるのを待つのではなく、多様な住民とその縮図である議会が、手を携えて試行錯誤を重ねることこそが自治を豊かにするのだと。

わたしたちは取材の最後に、地方議会改革の源流へとたどり着いた。それは意外にも自分たちの足元にあった。平成の大合併でなくなってしまった宮城県本吉町議会の小さな取り組みこそが、今日、地方議会の必須要件となった住民対話であった。

本書は２００９年12月から10年６月まで河北新報に掲載した連載企画「変えよう地方議会　あすの自治」をもとに編集した。２０１１年３月11日、東北地方は東日本大震災で壊滅的な被害を受けた。取材にご協力いただいた方々の中にも犠牲者がいる。今後、東北の自治はどうなるのか。そして議会は、住民は―。答えは簡単には見つかりそうにない。しかし、あすの自治を見つめ、伝えていくことが、未曽有の震災を生き残り、再生を託されたわたしたちの責務であると考え、新たに震災後の地方議会の動きと、主な自治体の被災データを書き加え、世に送り出すことにした。

取材に当たり、貴重なアドバイスをいただいた多くの方々、関係各位に感謝を申し上げたい。各部の冒頭に掲載年月日を付し、文中の肩書や年齢は掲載当時のままとした。

取材・執筆は編集委員渡辺雅昭、報道部矢野奨、藤田和彦、丹野綾子、写真部安保孝広が担当した。

2011年8月

河北新報社編集局長　太田　巌

変えよう地方議会

～3.11後の自治に向けて～

2011年8月30日　第1版第1刷発行

編　者　河北新報社　編集局

発行者　武内　英晴

発行所　株式会社 公人の友社

〒112-0002 東京都文京区小石川5-26-8

電話　03-3811-5701　FAX 03-3811-5795

メールアドレス　koujin@alpha.ocn.ne.jp

印刷所　倉敷印刷株式会社